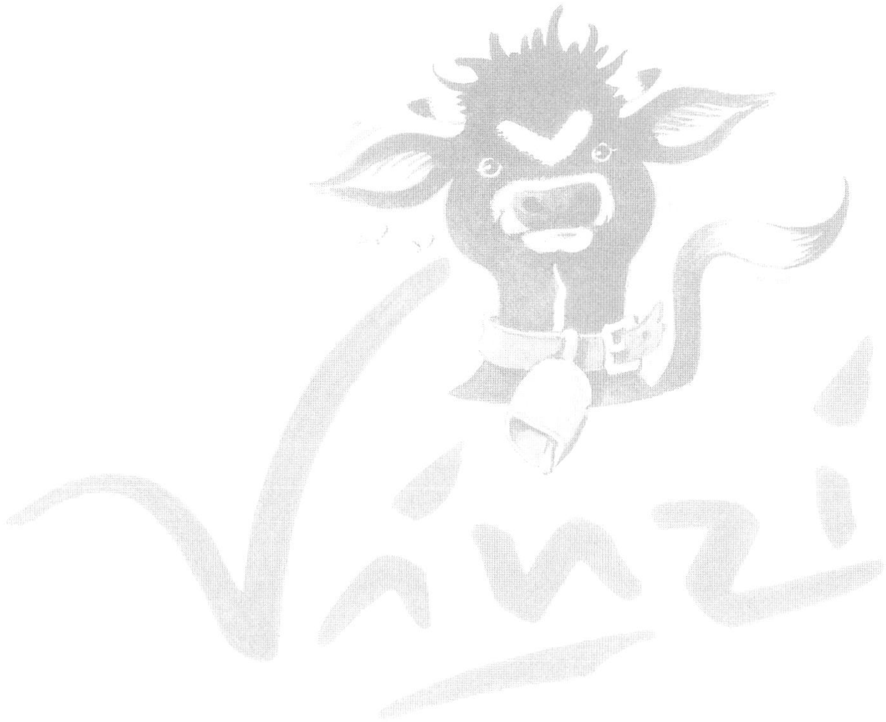
Vinzi

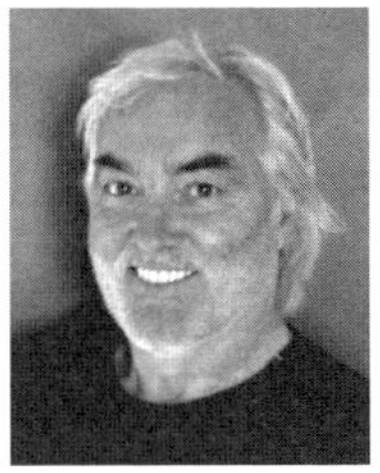

Satz und Layout: Sabine Huber
Redaktion: Edith Schober
Produktion: WAST Edition

Bibliografische Information:
Diese Publikation ist bei der Deutschen Nationalbibliothek verzeichnet,
bibliografische Daten sind im Internet über http://dnb.ddb.de abrufbar.

Rimstinger Straße 5
83254 Breitbrunn am Chiemsee
www.vinzistier.de
www.huberwast.de

ISBN 3-00-014806-X

Druck und Bindung: Polygraf Print

DER Vinzi STIER

Sebastian Huber

Bevor die Geschichte mit dem Vinzi überhaupt losgeht, sag ich Euch vorher noch, dass der Pumpererhof gleich unterhalb der Kirche mit dem wunderbaren Zwiebelturm liegt. Eher schaut der ja aus wie ein Rübenturm, aber das hört der Herr Pfarrer gar nicht gern. Und auf dem Pumpererhof, da werkeln der Pumpereropa und die Pumpereroma. Die Pumpereroma heißen aber alle nur die „Sogioma“. Das kommt davon, wie die Oma redet, aber das werdet ihr ja noch sehen. Dann gibt's da noch die Kreszentia Pumperer, also die Zenzizi! Sie ist die Enkelin vom Pumpereropa und der Pumpereroma, die aber alle nur die „Sogioma” heißen. Die Zenzizi ist die Jungbäuerin auf dem Hof und am allerliebsten ist ihr der Sommer, wenn sie als Sennerin und Wirtin auf der Hochalm regiert.

Dann ist da auch noch der Knecht Phillipus Holzapfel, der Lippknecht, der viel weiß und wenig sagt.

Sooft es nur geht, wegen dieser ewigen Schule, ist auch der Bertl auf dem Bauernhof. Der Bertl schreibt sich auch Pumperer, ist der kleine Bruder von der Zenzizi und deswegen auch ein Enkel vom Pumpereropa und der Pumpereroma. Der Bertl heißt ausgesprochen Heribert und wohnt natürlich bei seinen Eltern ein bissl weiter unten in dem Dorf mit dem wunderbaren Rübenturm, nämlich im Gasthaus-Metzgerei Zur Post. Dort gibt es auch einen ganzen Haufen Gästezimmer mit Dusche, WC und TV wegen der vielen Urlauber.

Der Vater vom Bertl und von der Zenzizi ist gleichzeitig der Sohn vom Pumpereropa und der Pumpereroma. Statt den Pumpererhof zu übernehmen und ein gescheiter Bauer zu werden, hat er lieber die Tochter vom Gasthaus Zur Post geheiratet und ist ein Wirt geworden. Außer im Gasthaus und in der Metzgerei arbeitet er am allerliebsten mit seinen Pferden, den Kaltblütern Schorsch und Sepp, im Wald beim Holzrücken. Im Winter spannt er sie auch vor den Schlitten und fährt die Urlauber in der Gegend umeinander, und die Mutter vom Bertl und von der Zenzizi kocht derweil die Schnitzel und die Knödel und so weiter.

Ja, so ist das also. Nur dass Ihr's ganz genau wisst, wie's ist. Dass man nicht danach, mitten unter der Geschichte, wieder alles erklären muss, wie und was und wer und warum und so weiter.

Dann kann sie ja losgehen, die Geschichte!

Im Pumpererstall

Wie der Lippknecht das Heu zur Wildfütterung fährt, brennt nur im Stall vom Pumpererhof das Licht.

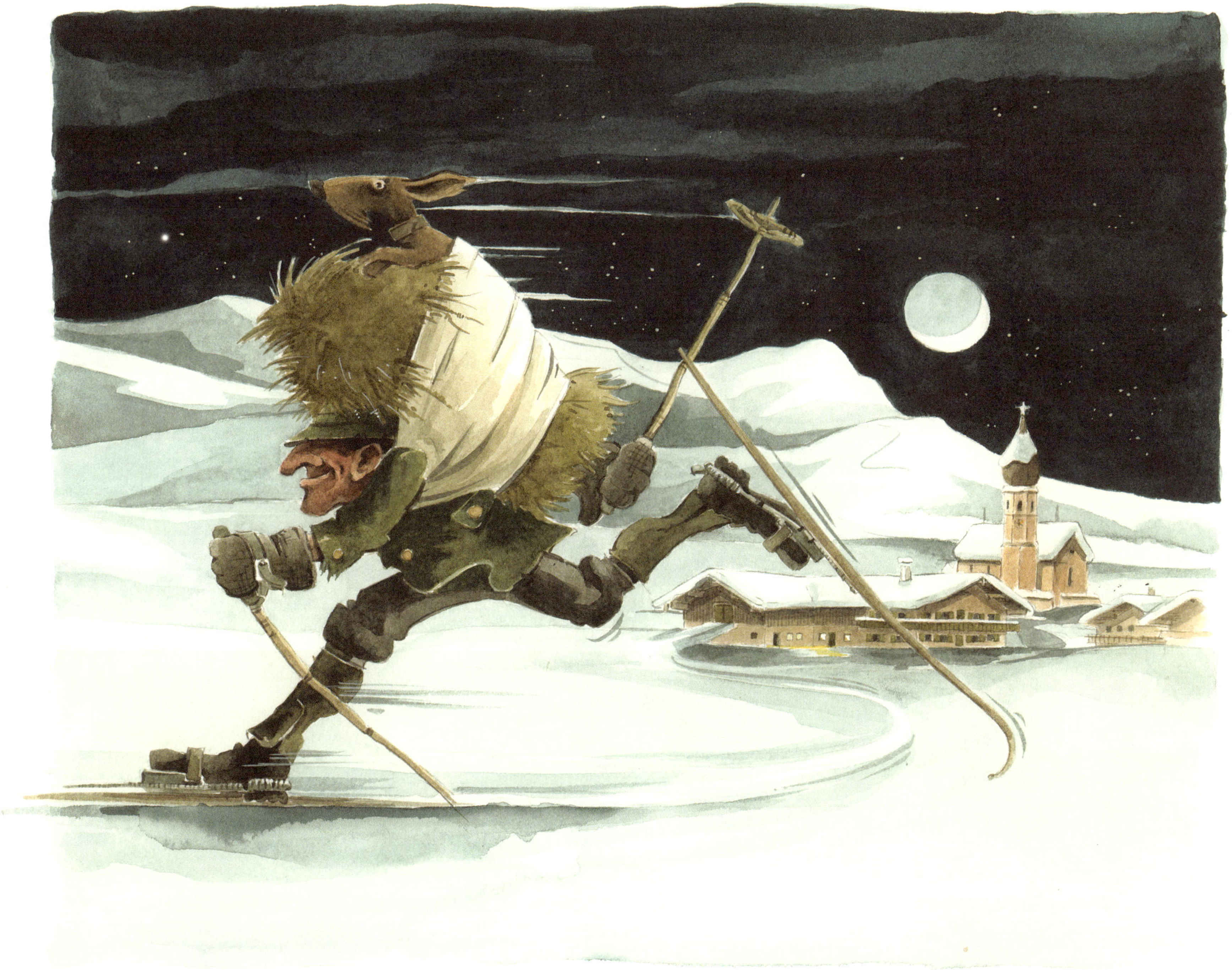

Das Allererste, was das Kälbchen in seinem Leben sieht, sind die zwei Hühner „Heen und Heen“, die verschlafen von ihrer Stange herablugen. Es ist ja fast mitten in der Nacht noch an diesem Dezembermorgen um halb vier Uhr in der Früh!

Als Allerzweites schaut es in die schwitzenden Gesichter von der Zenzizi und ihrem kleinen Bruder, dem Bertl. Es war für die beiden und besonders für die Mutterkuh Fanni nicht ganz leicht, den kleinen Stier auf die Welt zu bringen.

Der kennt natürlich noch nichts und niemanden und alles, was um ihn herum vorgeht, ist ihm vollkommen neu. Der warme Stall, die freudige Aufregung der Kuhtanten und -großtanten, das waxe Stroh, mit dem ihn die Zenzizi so fest abreibt. Ganz erschöpft ist er noch, als ihn seine Mutterkuh mit ihrer Zunge am ganzen Körper bearbeitet und ihn mit ihrem großen Kopf immer wieder vorsichtig anstubst, weil sie ihn zum Aufstehen ermuntern will. Und endlich, endlich, gerade wie die Kirchenglocke im Rübenturm dreiviertel fünf schlägt und Heen und Heen vor lauter Ungeduld schon ihre orangefarbenen Augen verdrehen, steht er wacklig auf seinen vier Haxen! Sanft schiebt ihn die Fanni zu ihrem Euter, das für den kleinen, immer hungrigen Stier in den folgenden Wochen zum Allerwunderbarsten und Wichtigsten wird.

'Eine direkte Schönheit ist er', das müssen auch die kritischen Kuhtanten und -großtanten mit anerkennendem Gebrummel zugeben, 'mit seinem schokoladebraunen Fell und seinen wilden dunklen Augen und diesem komischen weißen Fleck auf der Stirn.'

„Der weiße Hackl da auf seinem Hirn, der schaut ja aus wie ein Vau“, lacht der Bertl, „Vogel... Viktor... Vroni geht nicht ... Vritz... Vale... Vinzenz... Vinzi heißt er!“

Der Bertl ist ganz narrisch vor Freude. Die Zenzizi weniger, denn ihr wäre ein Kuhkälbchen freilich lieber gewesen, weil es halt später auch zu einer guten Milchkuh geworden wäre. Aber mit so einem Stierkalb schaut das schon anders aus, das wird nach ein paar Monaten verkauft und dann ...! Der Bertl mag gar nicht daran denken.

Gut, dass unser Vinzi davon überhaupt keine Ahnung hat. Er genießt das Leben und die Behaglichkeit im Stall bei seiner Mutter, der Fanni, die so viel Milch gibt, dass er jeden Tag größer und stärker wird.

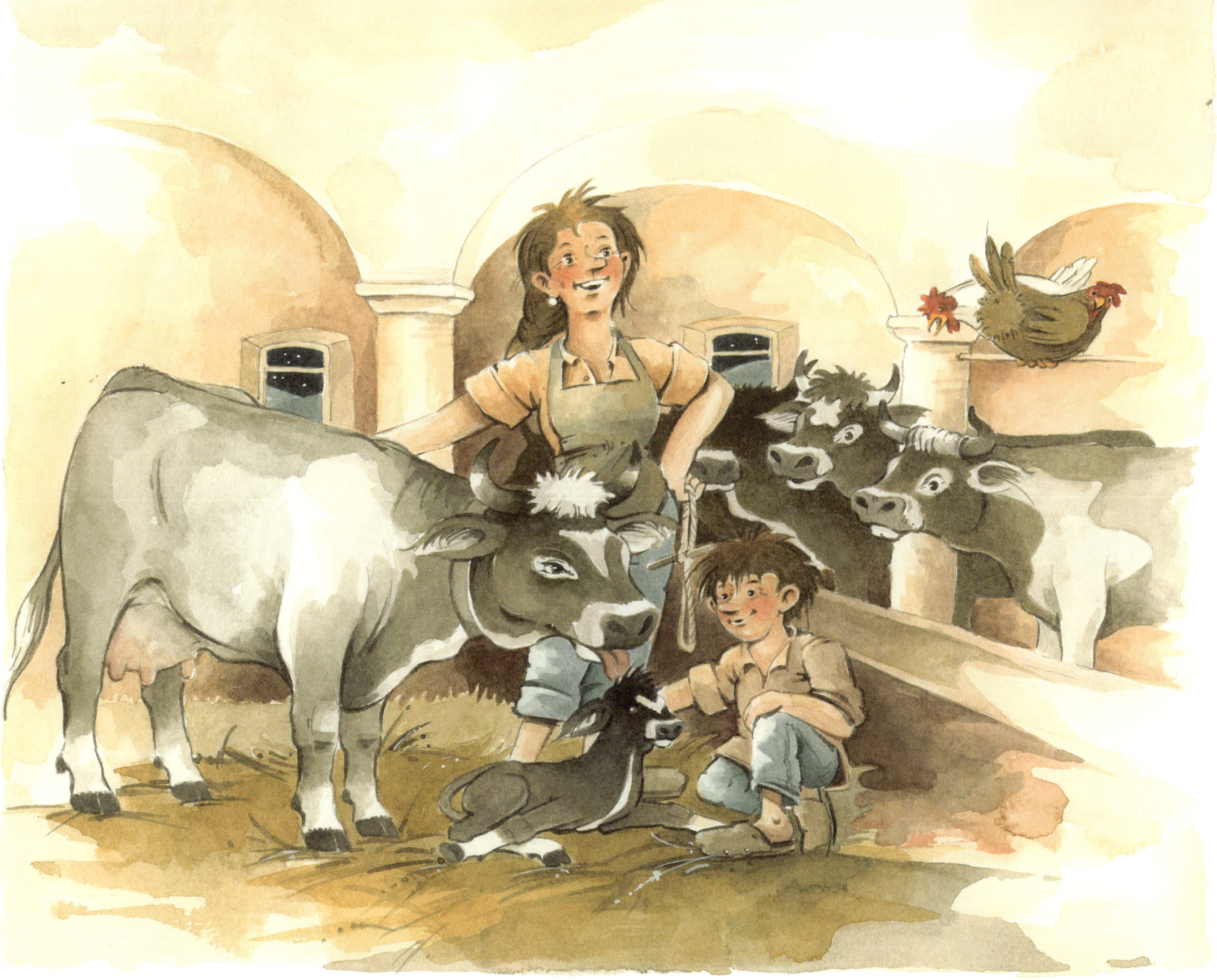

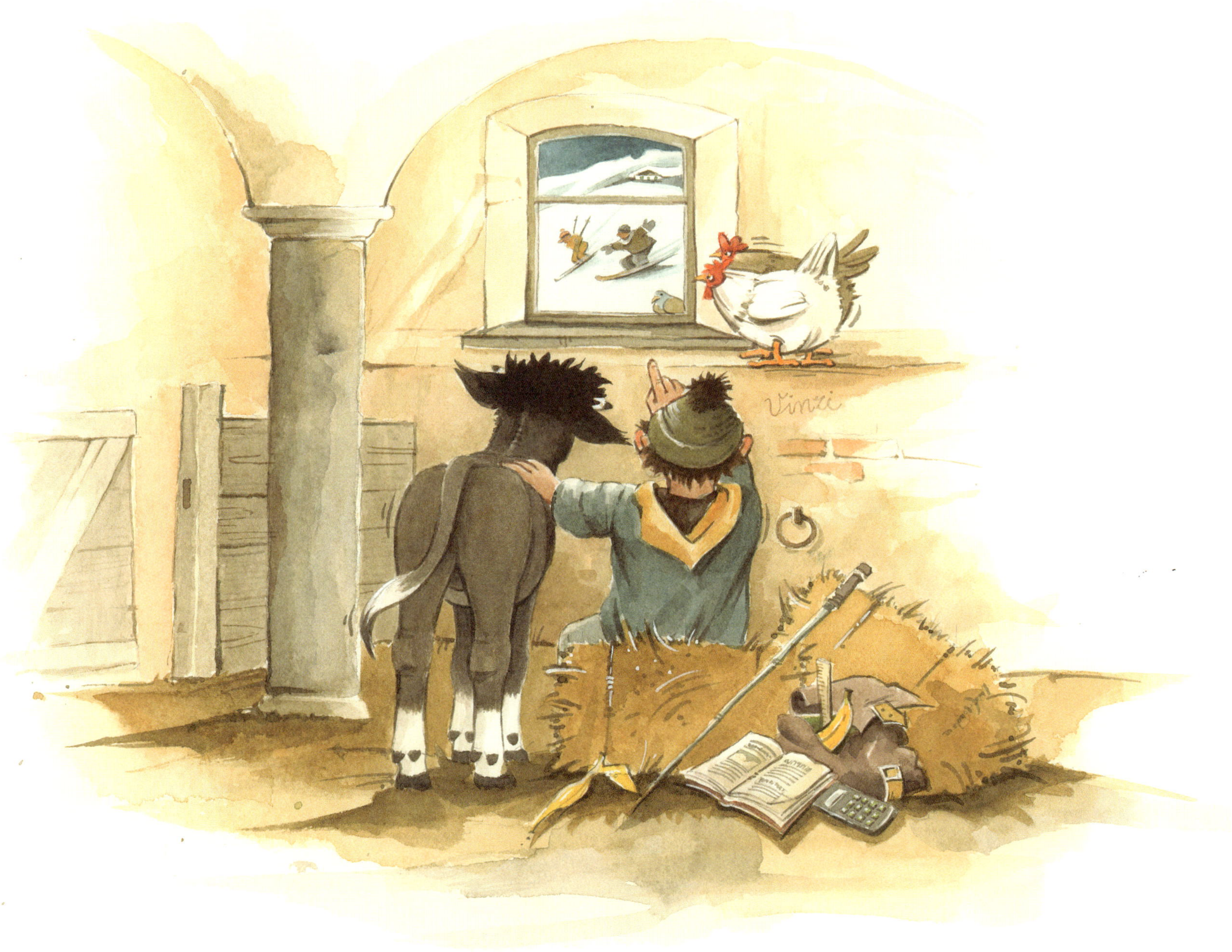
Vinzi

Der Bertl besucht seinen Vinzi natürlich jeden Tag. Kaum ist die Schule aus, hört der kleine Stier ein gräusliches Knattern, und schon ist er da, der Bertl mit seiner Pausenbanane!

Er erzählt dem Vinzi dann vom ständigen Lernen und von den ewigen Hausaufgaben, vom Herrn Pfarrer, der ihn „Börtel“ nennt, von der neuen Frau Lehrerin, die gar nicht schlecht ausschaut und von daheim, vom Gasthaus-Metzgerei Zur Post und den ganzen Wintersportlern und einfach alles.

Manchmal schaut der Bertl sogar am Sonntagmorgen vor dem Ministrieren noch schnell beim Vinzi vorbei, und der Herr Pfarrer hat dann in der Kirche gar keine rechte Freude mit ihm, denn „der Börtel rücht wüder nach Kuhmüst!“

Der Vinzi schaut immer ganz erstaunt, wenn der Bertl seine Geschichten erzählt, weil er sich das alles nicht so recht vorstellen kann. Schlittenfahren? Schifahren? Snowboarden ...?

„Schau doch aus dem Fenster, Vinzi, siehst du den verschneiten Hang?“ Bertl zeigt mit dem Wohinzeigefinger auf das Fenster in der Stallwand. Vinzi schaut und sieht den ewig gleichen weißen Hang, der schon weiß ist, seit er überhaupt schauen kann. „Das ist ein Schnee. Den braucht man zum Beispiel zum Snowboarden und so. Und was du da ganz weit droben hinter dem Huggl siehst, das ist unsere Hochalm, die liegt eintausendfünfhundertdreiundfünfzig Meter über dem Meeresspiegel! Und noch viel weiter droben, schau doch, der riesige Berg da hinten, ja siehst du den überhaupt? Das ist das Gamshörndl und mindestens zweitausendachthundert Meter hoch!“

Der kleine Stier reißt seine Vinzi-Augen auf: 'Schnee, Hochalm, Meeresspiegel?' – „Ja, und wenn dann der Frühling kommt und der Sommer und wenn der Schnee endlich weg ist und wenn das Gras wächst und die Blumen blühn und die Bienen umeinanderfliegen, dann kommst du mit hinauf auf die Hochalm! Unbedingt.“

'Gras, Blumen, Bienen', denkt sich der Vinzi und schaut ganz fest durch's Fenster, 'Schnee, Gras, Blumenspiegel, Meereshörndl, Gamsbienen?' Vor lauter Aufregung kommen ihm die neuen Wörter ganz durcheinander.

Frühjahr

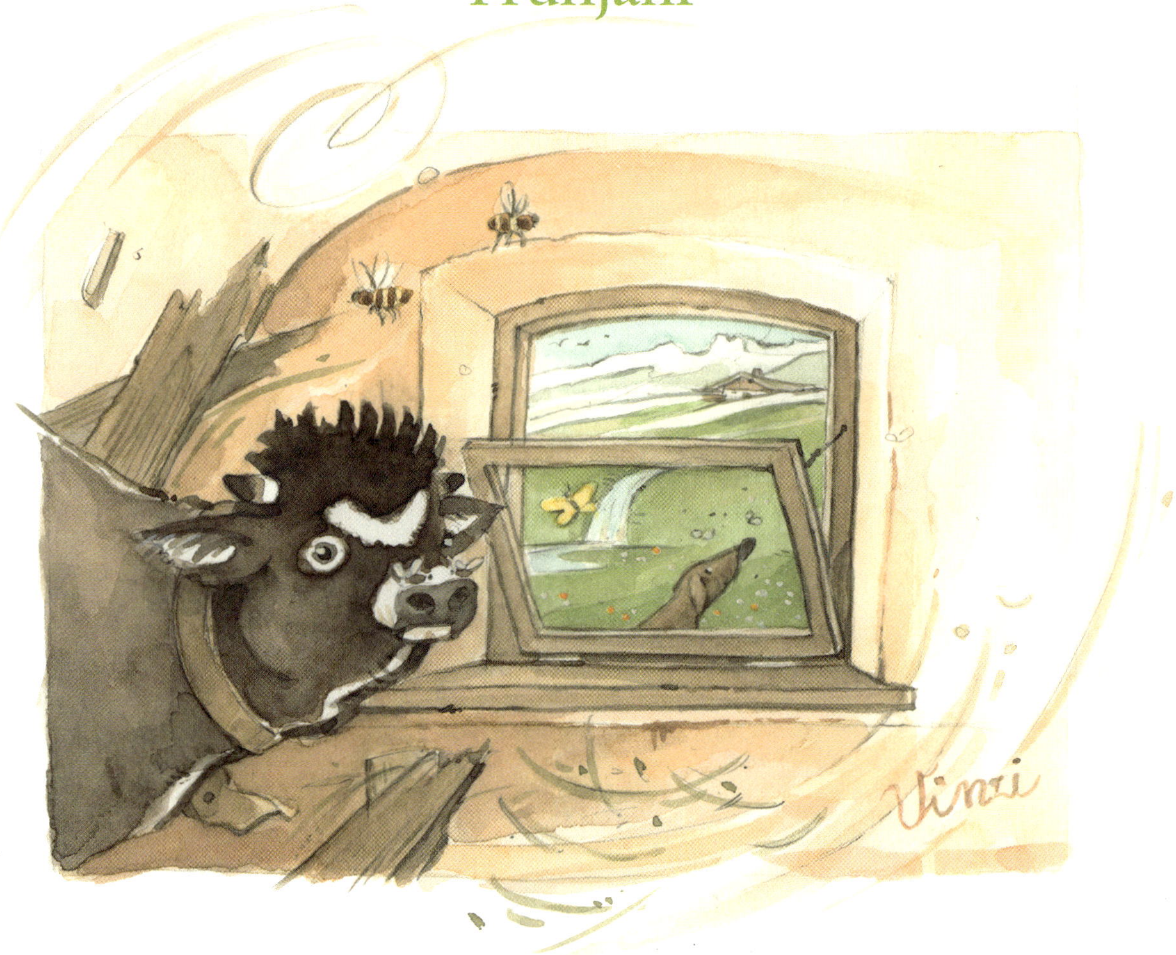

Und wirklich wahr, nach ein paar Wochen, vielleicht im April, ändert sich das Bild im Stallfenster langsam. Was der Bertl erzählt hat, war nicht gelogen! Der Schnee wird jeden Tag weniger bis die ersten grünbraunen Stellen im Hang auftauchen. Durch die offene Stalltür hört es der Vinzi plätschern und gurgeln. Ein warmer Windstoß fährt herein, dass das Heu herumwirbelt, und die ersten aufgewachten Fliegen hocken sich recht fad auf seine Nase.

'Das muss dieser Frühling sein und der Sommer mit dem Meeresspiegel und mit den Bienen und einfach alles und alles!'

Und der Vinzi wird ganz narrisch und er spürt ein neues, ganz irres Gefühl von Freude und Lebenslust! Und dass er das überhaupt aushalten kann, muss er hüpfen und springen, mit allen vier Haxen gleichzeitig und mit so einer Kraft, dass er sein Boxentürl wie Pappendeckel zerlegt! – 'Hinaus aus dem Stall, hinaus!' Er muss jetzt unbedingt und sofort selber nachschaun wegen dem Frühling. Begleitet vom schimpfenden Gebrüll seiner Kuhtanten, -großtanten und -urgroßtanten legt er den Weg zur Tür zurück, wobei ihn auch die paar Stürze auf dem rutschigen Stallboden nicht bremsen können. Noch ein paar Hüpfer und er ist im Freien.

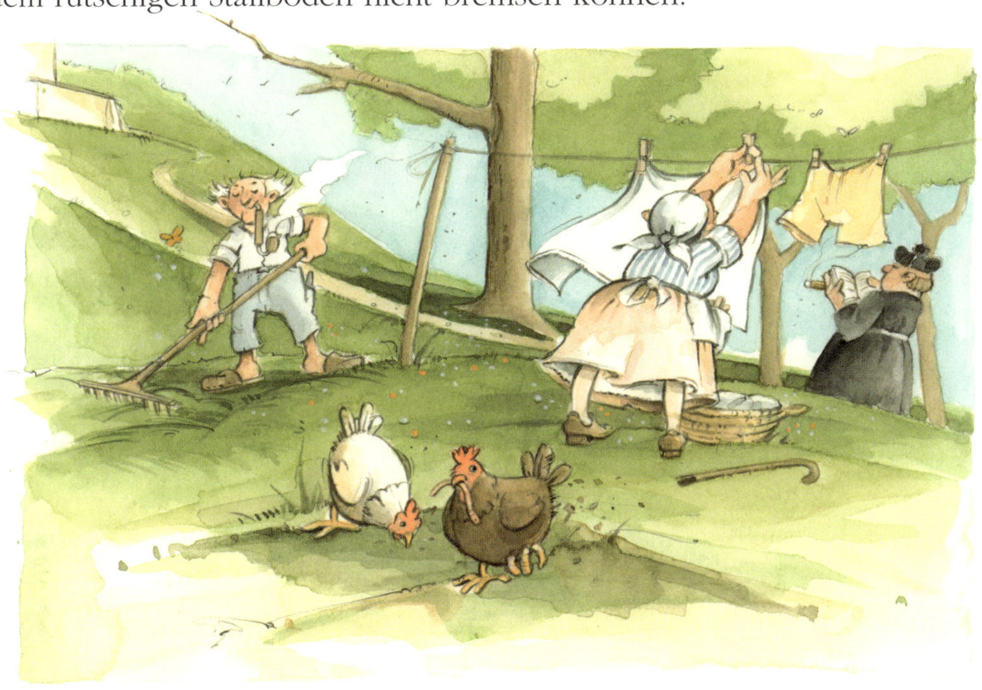

Der Pumpereropa recht gerade das erste Gras im Obstanger zusammen, der Herr Pfarrer wandelt auf dem Kirchenweg vorbei und liest sein so genanntes Brevier, Heen und Heen scharren umeinander und freuen sich über die ersten dicken Würmer, und die Sogioma nutzt den warmen Föhnwind zum Wäschetrocknen. Und mitten hinein in diese ländliche Friedlichkeit fegt jetzt der Vinzi im gestreckten Schweinsgalopp! Bis jetzt hat er ja nur den engen Stall gekannt, und auf einmal ist alles so weit und groß und himmelhoch, und er hat überhaupt nicht gewusst, dass er so schnell laufen kann!

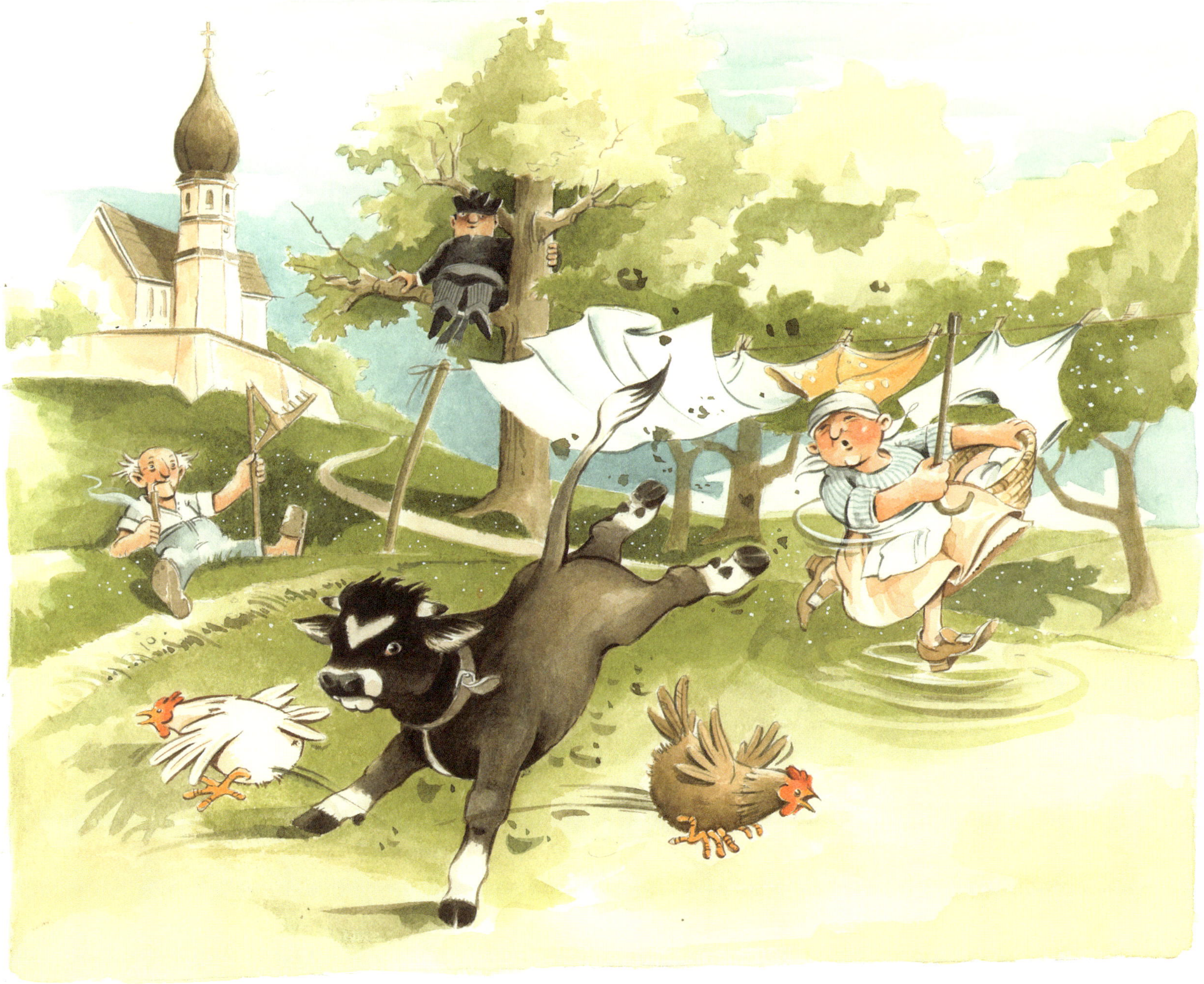

Der Opa glaubt tatsächlich, dass er ihn aufhalten kann und stellt sich mit dem Rechen in die Rennstrecke: Ein Rumpler und ein Purzelbaum, so schnell kannst du gar nicht schaun, da liegt er, der Opa samt seinem Rechen. „Alle Vierzehn Heiligen Nothölfer hölft's, und zwar sofort", denkt sich der Herr Pfarrer und schon hockt er droben auf dem Birnbaum. Der Vinzi ackert durch die Kurve, dass der Dreck durch die lauwarme Frühlingsluft spritzt, und wetzt an der Oma vorbei, dass sie wie ein dicker Kreisel herumwirbelt ... „Jössasmariaundjosef sogi!!" Frisch gewaschene Unterhosen, Nachthemden und Kopfkissenbezüge klatschen dem verängstigten Vinzi um seine staubigen Ohrwascheln, Heen und Heen flattern kreischend um ihr Hühnerleben, dazwischen blechernes Knattern, Rauchwolken, Stinken ... der Vinzi erkennt seinen Freund Bertl auf dem Ding, auf dem Moped oder was, und die Banane hat er auch dabei. Und der Vinzi rennt zum Bertl, und alles ist gut.

Der wilde kleine Stier zittert vor Aufregung und Anstrengung. „Was machst denn du für Sachen!" Bertl umarmt seinen schnaufenden Vinzi, der jetzt endlich weiß, wie das wirklich ist mit diesem Frühling. Ganz brav lässt er sich in den Stall zurückführen, wo ihn seine Verwandtschaft schon mit allervorwurfsvollsten Gesichtern erwartet. „I sogs ja, sogi, jetzt derf i wegen dem Hirschn die ganze Wäsch noch einmal in d'Maschin einihaun sogi!", hören sie die Oma noch hintennachschimpfen.

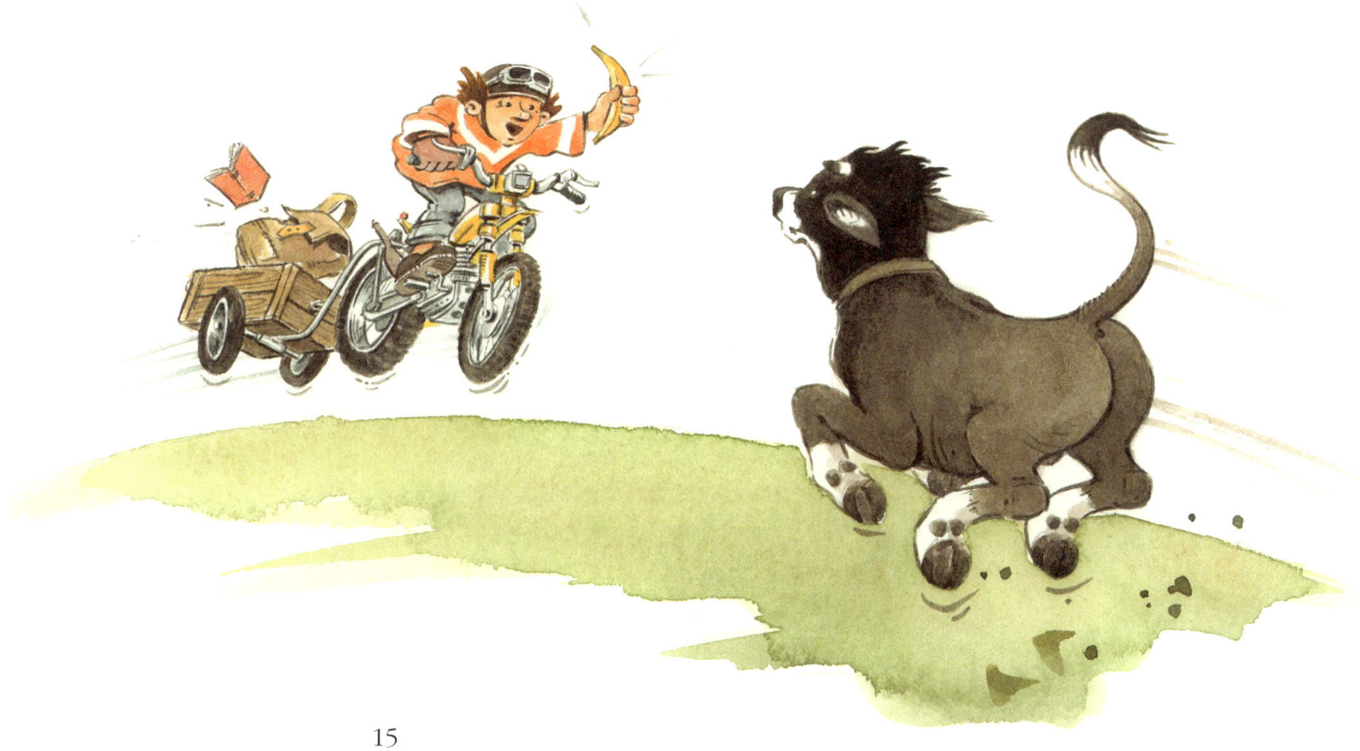

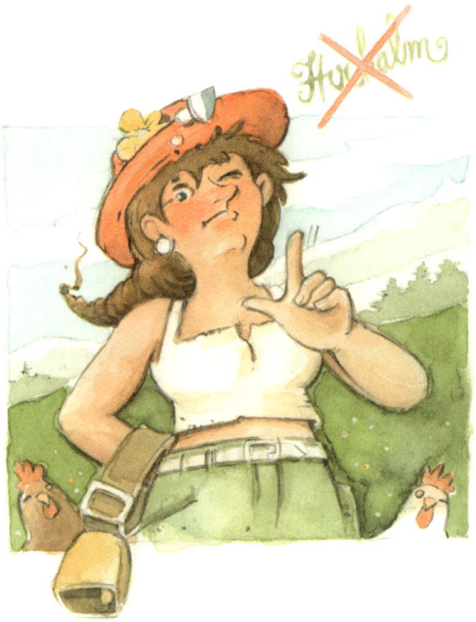

„Auf die Hochalm können wir den Vinzi auf gar keinen Fall mitnehmen“, sagt die Sennerin Zenzizi mit ernstem Gesicht. „Der bringt uns ja da oben alles durcheinander!“ Sie weiß natürlich von Bertls und Vinzis Herzenswunsch, vom Sommer auf den Bergen, aber schließlich war das überhaupt noch nie der Brauch, dass da ein junger Stier dabei ist. „Ja, wo täten wir denn da hinkommen!“

Da schaun sie recht dumm, der Bertl und der Vinzi. „Weißt du was,“ sagt der Bertl zum Vinzi, „ich werd dir einfach Unterricht geben! – Vorbildliches Verhalten tausendfünfhundert Meter über dem Meeresspiegel oder so ähnlich, und du musst dann ganz brav werden oder wenigstens so tun, dann wird's schon was werden mit der Alm!”

Von jetzt an probieren die beiden das Bravsein jeden Tag ungefähr eine Viertelstunde lang, und schon nach einer oder eher nach zwei Wochen hat der Vinzi fast begriffen, wie’s geht.

Er marschiert mit dem Bertl artig im Hof herum, praktisch bei Fuß, und schaut dabei möglichst unschuldig. Und er legt sich sogar hin, wenn der Bertl „Platzvinzi“ sagt. Das musst du gesehen haben, sonst glaubst du es nicht! Auch die zehn Hochalmgebote kann er schon auswendig. Zum Beispiel das dritte Gebot: „Du sollst deine Kuhtanten und -großtanten ehren und nicht beim Fressen stören, auf dass es dir wohl ergehe auf der Alm!“ Oder das fünfte Gebot: „Du sollst die jungen Kalbinnen überhaupt nicht anschauen, nicht einmal von der Weiten!!”

„Versprochen Vinzi?“ – „Muuuuh!!“

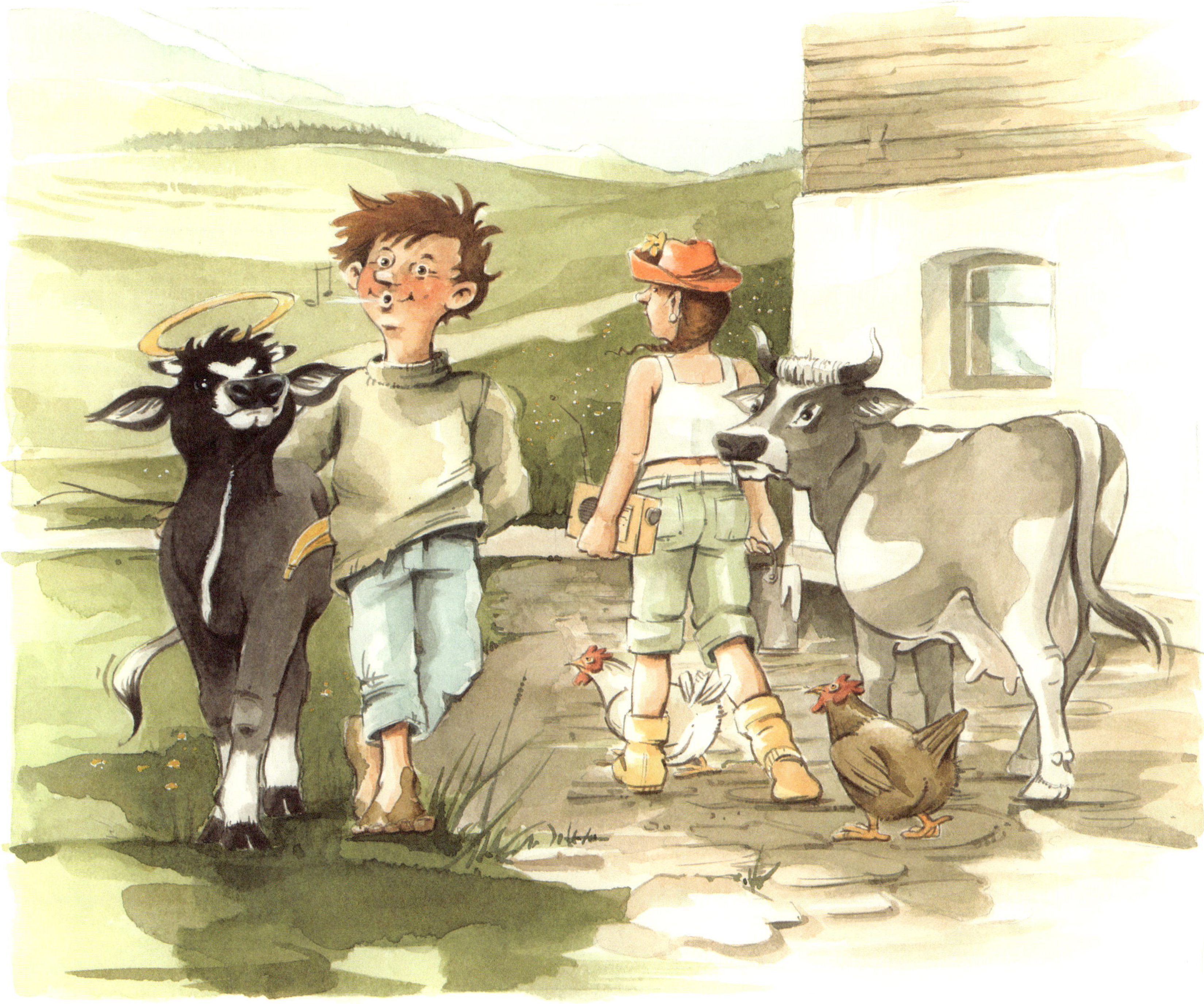

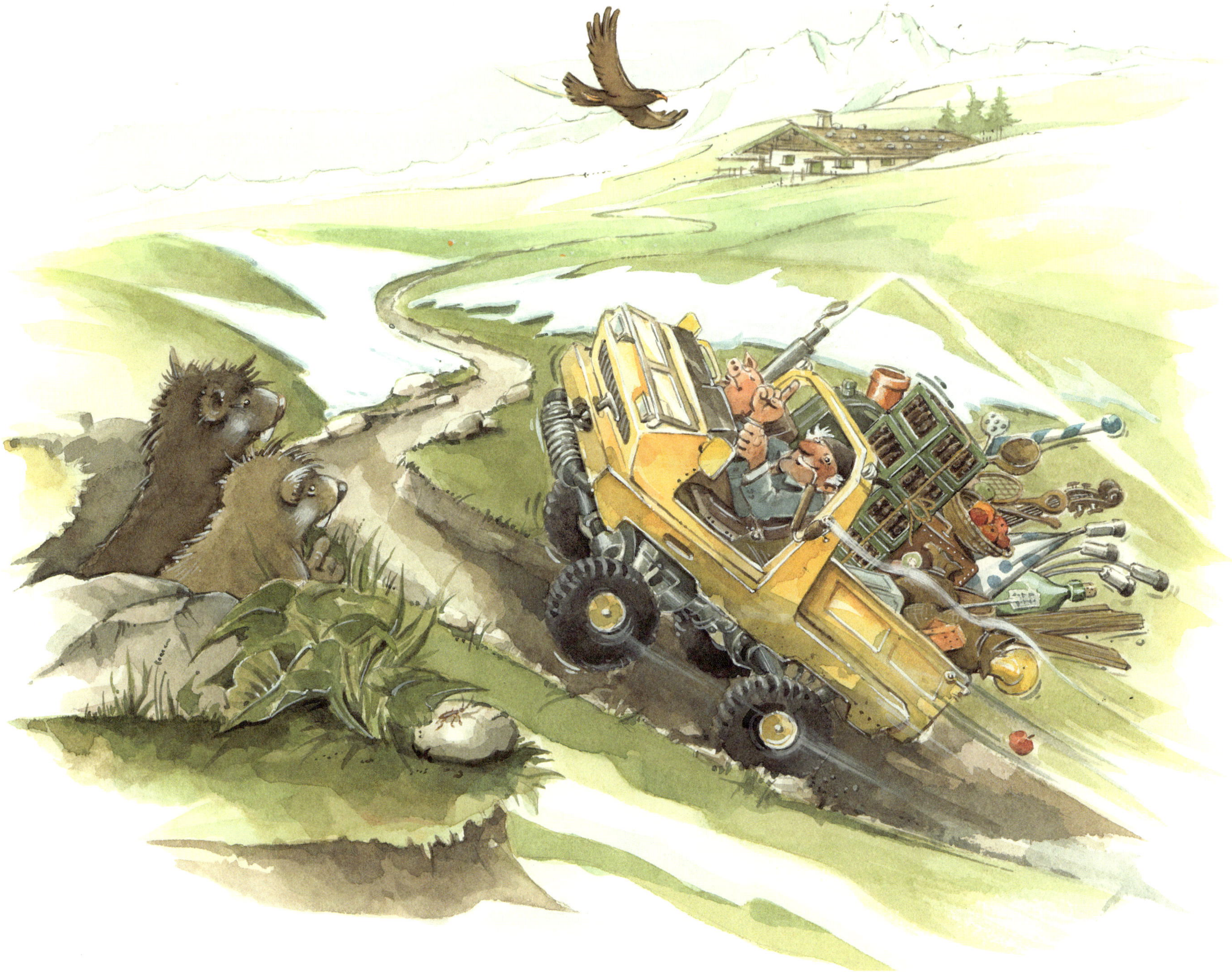

Mit saftigem Gras, mit blühenden Apfel- und Birnbäumen, mit Glockengebimmel, Vogelgesang und Omageschimpfe ist der Mai in die Bergtäler gezogen und von dort aus jeden Tag weiter über die steilen Hänge hinaufgestiegen. Er hat Eis und Schnee in reißende Bäche verwandelt und schließlich auch die Hochalm aufgeweckt. Der wilde brave Vinzi hat sich inzwischen auf der Weide neben dem Pumpererhof nur von seiner besten Seite gezeigt. Auch wenn es ihn vor Übermut und Kraft manchmal fast zerreißt, legt er stets sein bravstes Vinzigesicht an den Tag. Sicherheitshalber bleibt er immer in der Nähe seiner Mutter, der Fanni, die ihn auch beim stundenlangen Grasen im Auge behält. Der Vinzi dagegen kommt kaum zum Fressen, weil er so oft hinaufschauen muss: Da oben liegt sie, die Hochalm, manchmal so klar in der Frühlingsluft, dass er die Steine auf den Holzschindeln in der Sonne leuchten sieht.

Der Pumpereropa fährt mit seinem neuen Allradtraktor, der fast neunzig Grad Steigung oder weniger schafft, die steile Bergstraße zur Alm hinauf. Eigentlich ist ja das Herumfahren auf den Bergen mit so genannten Kraftfahrzeugen Gott sei Dank verboten. Da geht für normale Menschen gar nix. Das wär ja noch schöner, wo es eh schon so zugeht, da oben. Da hätten ja die Gamsen und Steinböcke und Murmeltiere und Feuersalamander und Auerhähne und Hirschen und so weiter gar keine Ruhe mehr! Deshalb haben nur die Bergbauern und zum Beispiel die Bergwachtler oder die Oberförster eine Sondergenehmigung zum Hinauffahren. Zum Hinunterfahren auch, weil für die ist das keine Freizeitgaudi, sondern eine Arbeit, und schließlich können die auch nicht alles mit dem Schubkarren umeinanderradeln.

So bringt also der Pumpereropa alles auf die Hochalm, was die Zenzizi für ihre Sennerei und für ihre Wirtschaft braucht: Vorräte haufenweise, Medizin für Tier und Mensch und als neueste Anschaffung einen Motor zum Strommachen, „ein Aggregat", wie der Opa sagt, und eine dazugehörige Melkmaschine.

„Jetzt pack'mas bald", flüstert der Bertl seinem Freund bei jeder Gelegenheit ins Ohr. Vor lauter Freude fetzt er dann immer mit dem Moped um den Vinzi herum. Die Kuhtanten kennen den Zirkus schon und schauen vornehm in irgendeine andere Richtung.

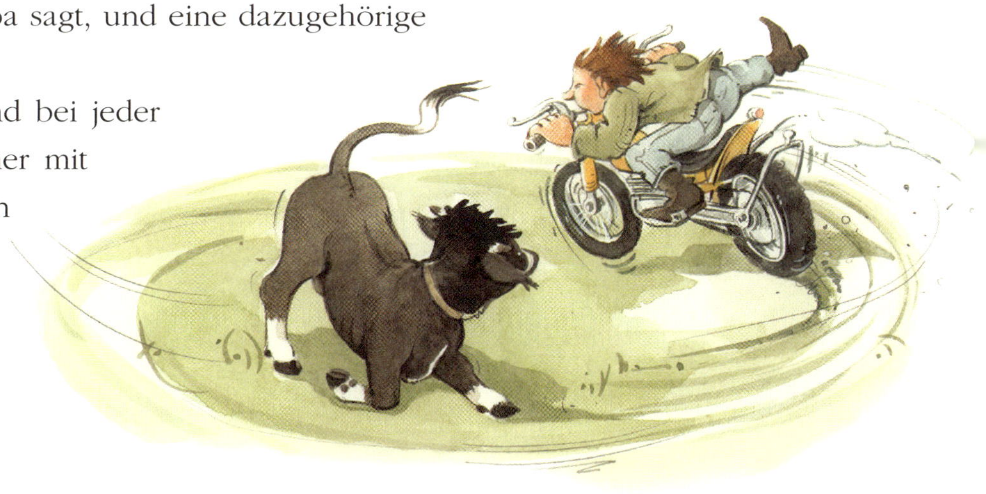

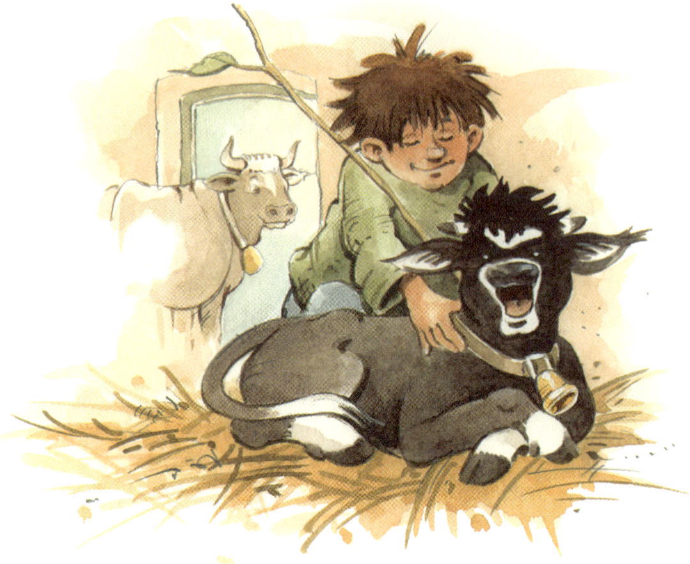

„Auf geht's!!"

'Was, wer, wo, warum?' Der Vinzi meint er träumt. „Auf geht's auf die Alm!" Der Bertl schnallt dem Vinzi die neue Glocke um.

'Jetzt sind wir schon so lange nicht hinaufgegangen und auf einmal tät's pressieren, mitten bei der Nacht', denkt sich der verschlafene Vinzi. Die Kirchturmglocke schlägt halb vier, und alle Hofbewohner, von der Legehenne bis zur Oma, sind schon lange aufgestanden und zum Auftrieb bereit. Die Zenzizi macht die Stalltür auf, und in der gewohnten Reihenfolge schreiten die Kühe würdevoll und glockenscheppernd in den dämmernden Morgen hinaus, wo sie schon vom Lippknecht erwartet werden. Auch die Oma fühlt sich leicht noch rüstig und lustig genug für den Auftrieb: „Obacht gebn sogi, do auffi hobigsogt!" Der Vater und die Mutter von der Zenzizi und vom Bertl fuchteln auch mit ihren Stecken zwischen den Kühen herum. Heute haben sie ihre Wirtschaft samt der Metzgerei zugesperrt. Heut gibt's keine Würscht im Gasthof Zur Post, verstehst!

Und die Chefin von allen ist natürlich die Zenzizi, die bald hier und bald dort zupackt und dirigiert und ihre Befehle über den Hof schreit. Ein Bimmeln, Muhen, Drücken und Wetzen ist das, bis sich der Zug endlich in Bewegung setzt. Allen voran die Leitkuh Walli, dahinter, eine schöner wie die andere, die acht Milchkühe Moni, Loni, Jenny, Lola, Sissi, Beate, Geli und die Fanni.

So ähnlich heißen auch die fünf jungen Kalbinnen, die sich dem Zug in gehörigem Abstand anschließen. Sie sind recht frisch und übermütig, deswegen ist ihr Abteilungsleiter der Lippknecht, der sie mit beruhigendem „Jajaaa" vorantreibt.

Ja, und der Vinzi natürlich hintennach wie ein Narrischer, vorbei an der ganzen Prozession, dass jeder die Ohren anlegt, und an die Spitze!

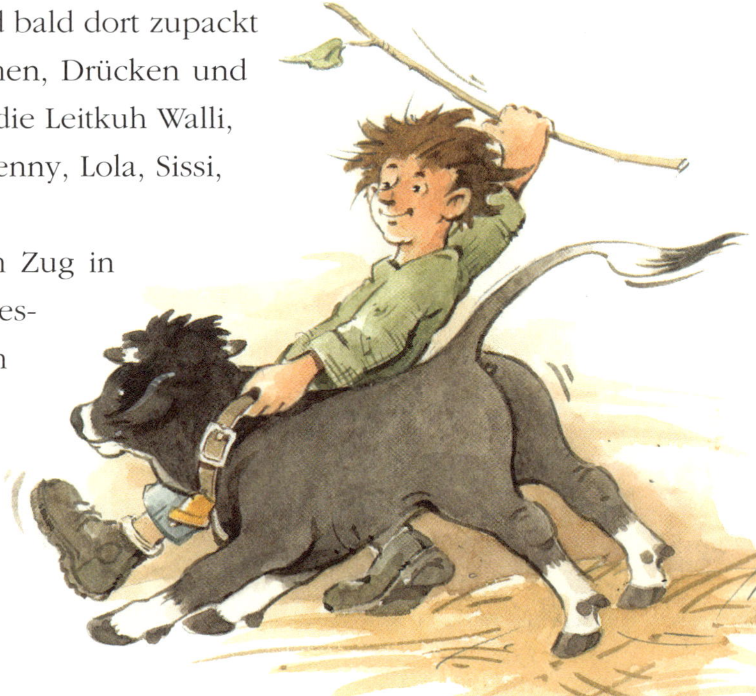

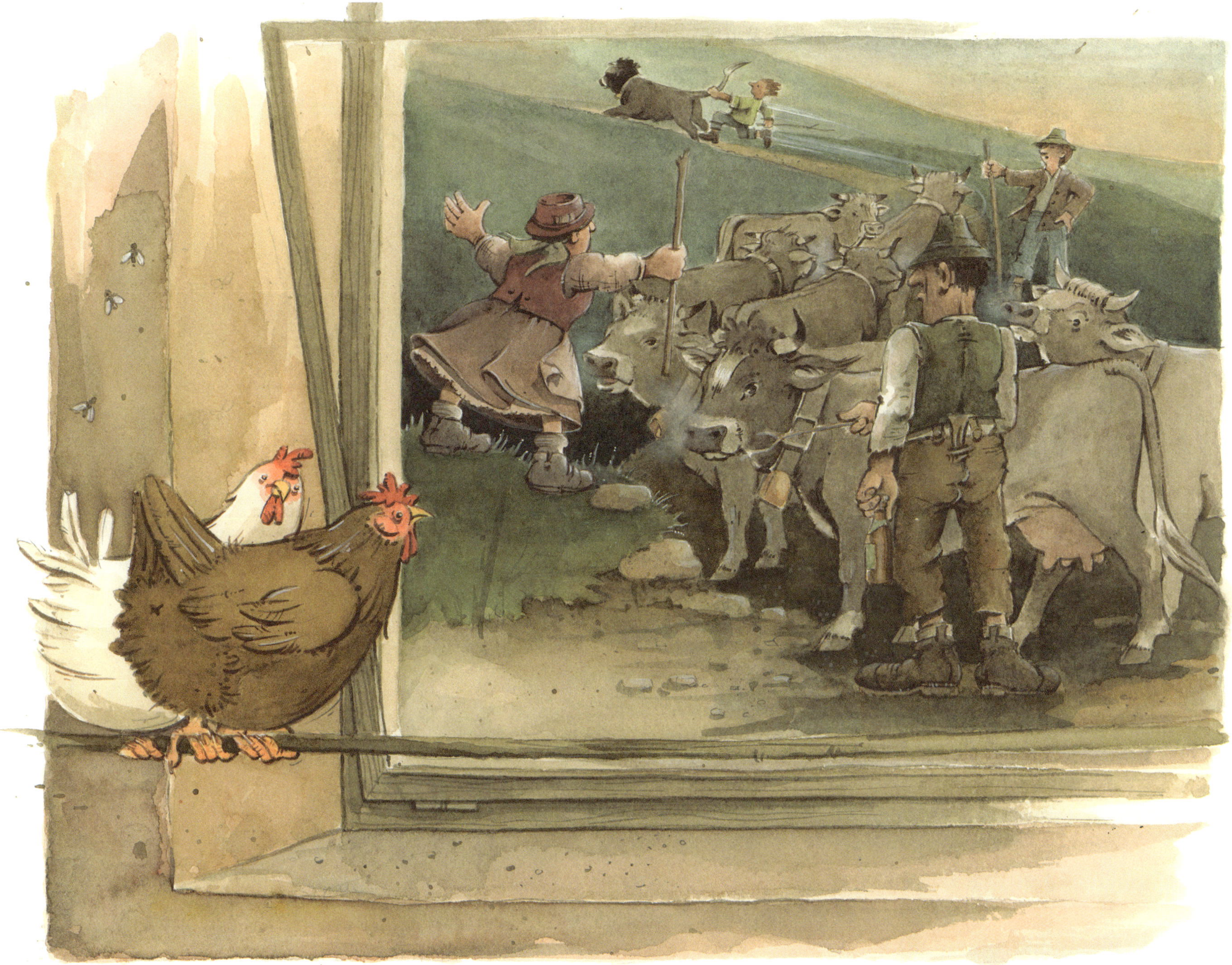

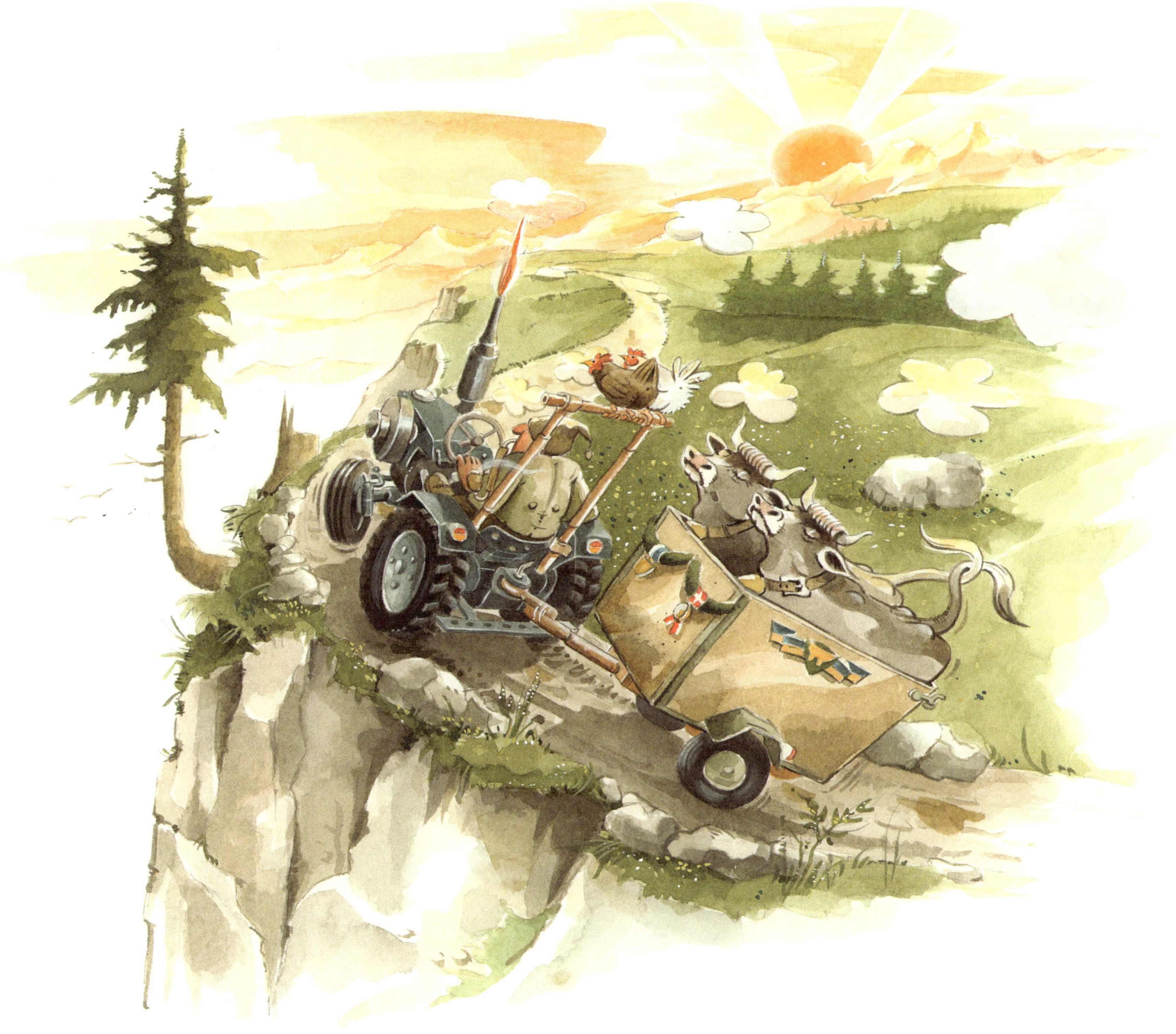

Hinter dem Gamshörndl glüht es schon blassorange, die ersten Vögel regen sich in den Baumwipfeln und das Gras am Wegesrand glänzt taunass. Und jetzt ist sie heroben, die Sonne, und übergießt Berg und Tal mit goldenem Licht. Irgendwo weit oben schreit der Kuckuck, den man aber wegen dem lauten Motorpumpern nicht hört. Das ist der Pumpereropa mit seinem alten Lanz-Bulldog, Heen und Heen auf dem Überrollbügel, und hinten aus dem Anhänger schauen die beiden Urgroßtantenkühe recht überheblich heraus. Unbedingt müssen sie mit hinauf auf die Alm, dass sie nur ja nichts verpassen! Im so genannten Kriechgang bezwingen sie die steile Bergstraße.

Zurück bleiben nur die Rauchschwaden vom Bulldog und von der Pfeife vom Opa.

Der Vinzi legt derweil vor lauter Freude gleich den dreifachen Weg zurück. So wie junge Hunde, die beim Spazierengehen immer hin und her und vor und zurück laufen, dann wieder bremsen, um gleich darauf im erneuten Spurt loszufetzen. Immer bis an die Spitze der Karawane und wieder zurück. Die ordentlich dahinschreitenden Kuhtanten finden das nur 'typisch', denn durch ihre mehrjährige Bergerfahrung wissen sie ihre ungefähr sechshundert Kilogramm Lebendgewicht besonnen auf die Alm zu tragen. Aber dem wilden Vinzi hängt die Zunge sowieso schon bald heraus. Schnaufend und schwitzend trottet er jetzt neben dem Bertl her.

„Gute eineinhalb Stunden noch“, antwortet der grinsend auf Vinzis fragenden Blick ...

Durch den Wald führt der Weg langsam immer höher hinauf, bis ein gewaltiges Rauschen zu hören ist.

„Der Wasserfall“, sagt der Bertl als ob das nichts wär.

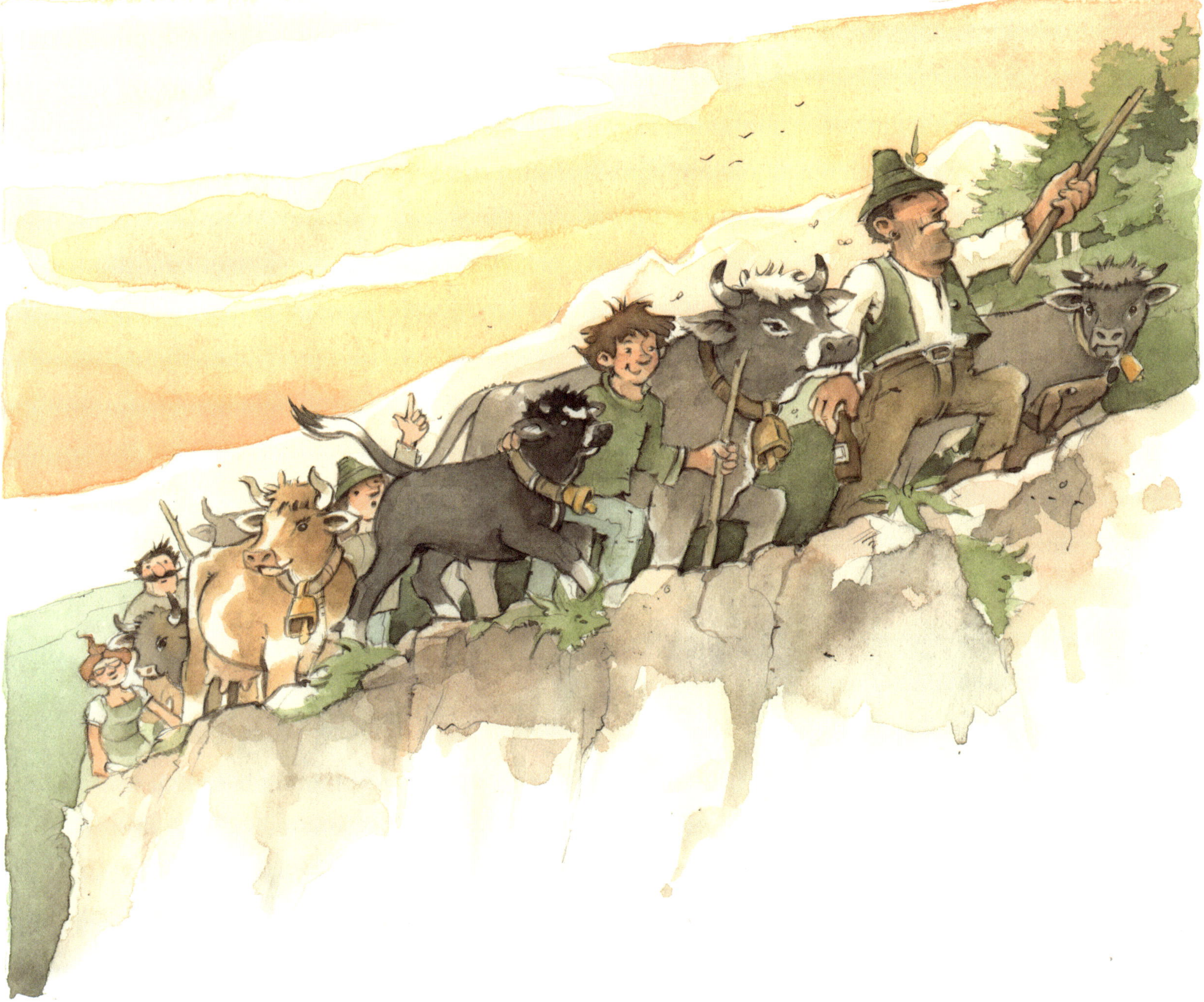

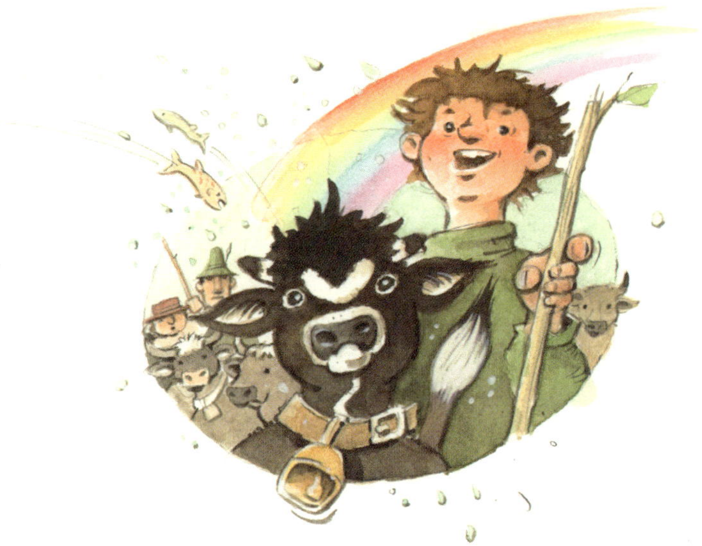

Da reißt der Vinzi die Augen auf: Vor ihnen tut sich eine schauerliche Felsklamm auf, durch die gewaltige Wassermassen donnernd in die finstere Tiefe stürzen. Zum Fürchten. „Da müssen wir jetzt umi!!!“, schreit der Bertl durch das Tosen den fassungslosen Vinzi an. „Heiliger Leonhard steh uns bei!“, denkt sich da so mancher in der Wandergruppe. Der heilige Leonhard ist nämlich der Schutzpatron der Tiere und von den Gefangenen auch.

„Immer nur eine!!!“, schreit vorn die Zenzizi und fuchtelt mit ihrem Stecken. Sie ist kaum zu hören. Die gescheite Leitkuh Walli lässt einer anderen höflich den Vortritt ... ein Rumpeln und Hüpfen und Spritzen, und schon ist sie auf der anderen Seite drüben, wo sie der Vater vom Bertl und der Zenzizi in Empfang nimmt. Der Lippknecht treibt jetzt die anderen Kühe fest an, und eine nach der anderen erreicht in einer Geschwindigkeit, die man so einer Kuh gar nicht zutrauen würde, die gegenüberliegende Seite der gefährlichen Schlucht.

Aber jetzt kommt unser lieber Vinzi: Wie wenn der Teifl hinter ihm her wäre, springt er in riesigen Bocksprüngen auf die schwankende Brücke, rutscht auf den nassen Holzbohlen aus, schlittert dahin und ... „Heiliger Leonhard hilf!“...

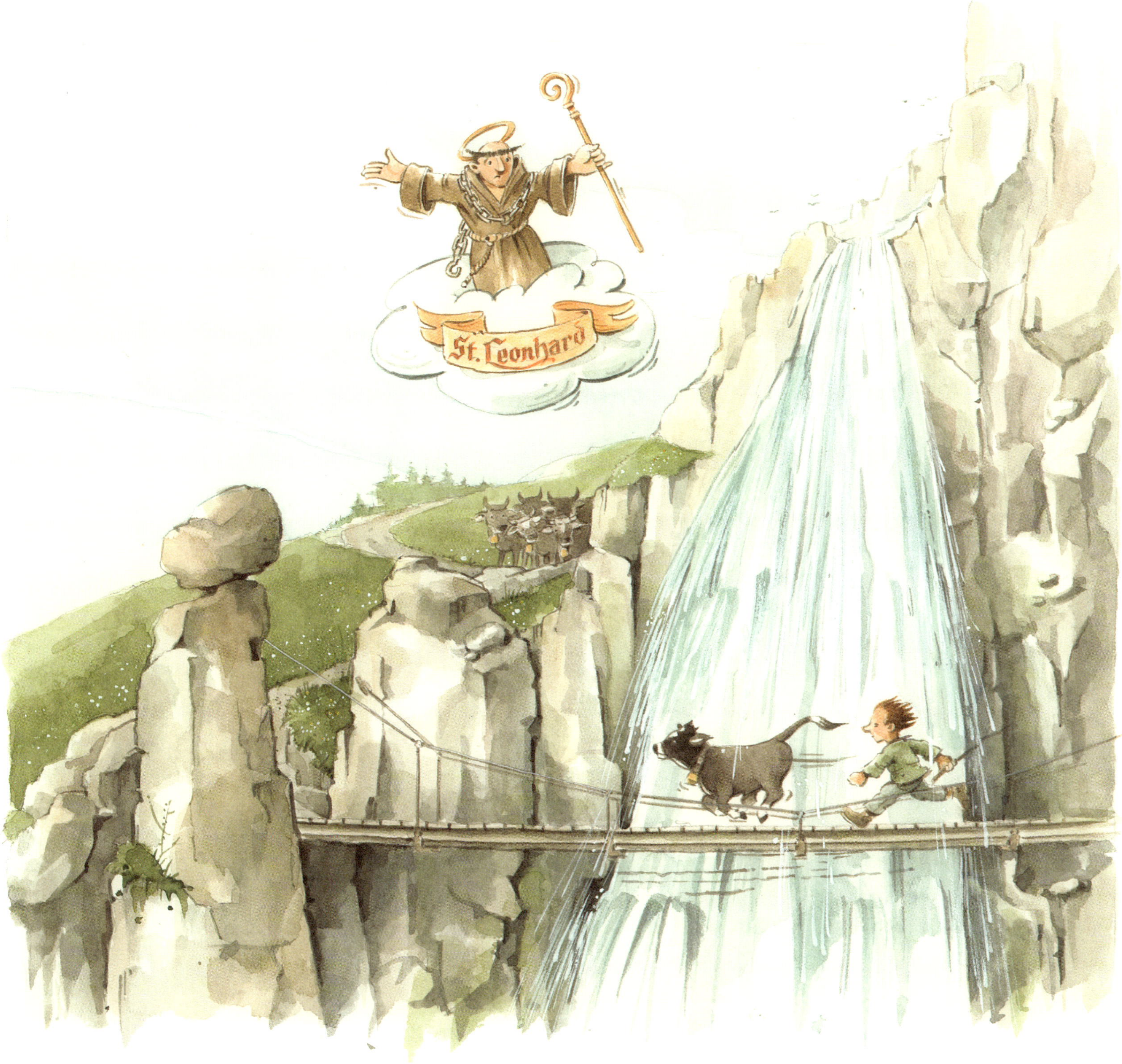
St. Leonhard

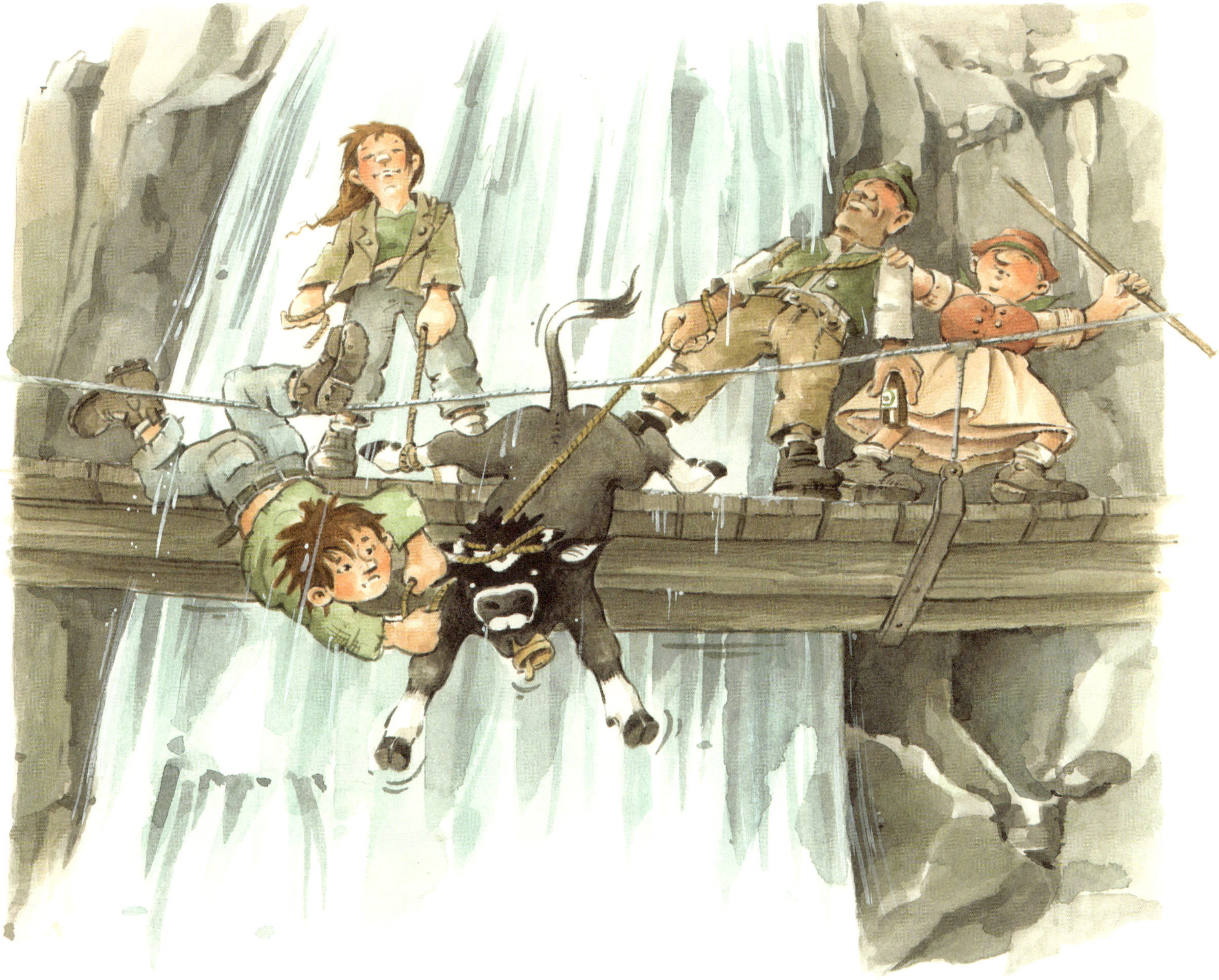

... rutscht über die glitschigen Balken hinaus, sieht unter sich die gähnende Tiefe und kann sich gerade noch mit seinen Hinterhaxen an der Brücke halten. Unter ihm der entsetzliche Abgrund und über ihm der Bertl, die Zenzizi, der Lippknecht und die Sogioma, die am Vormittag noch kein Bier mag.

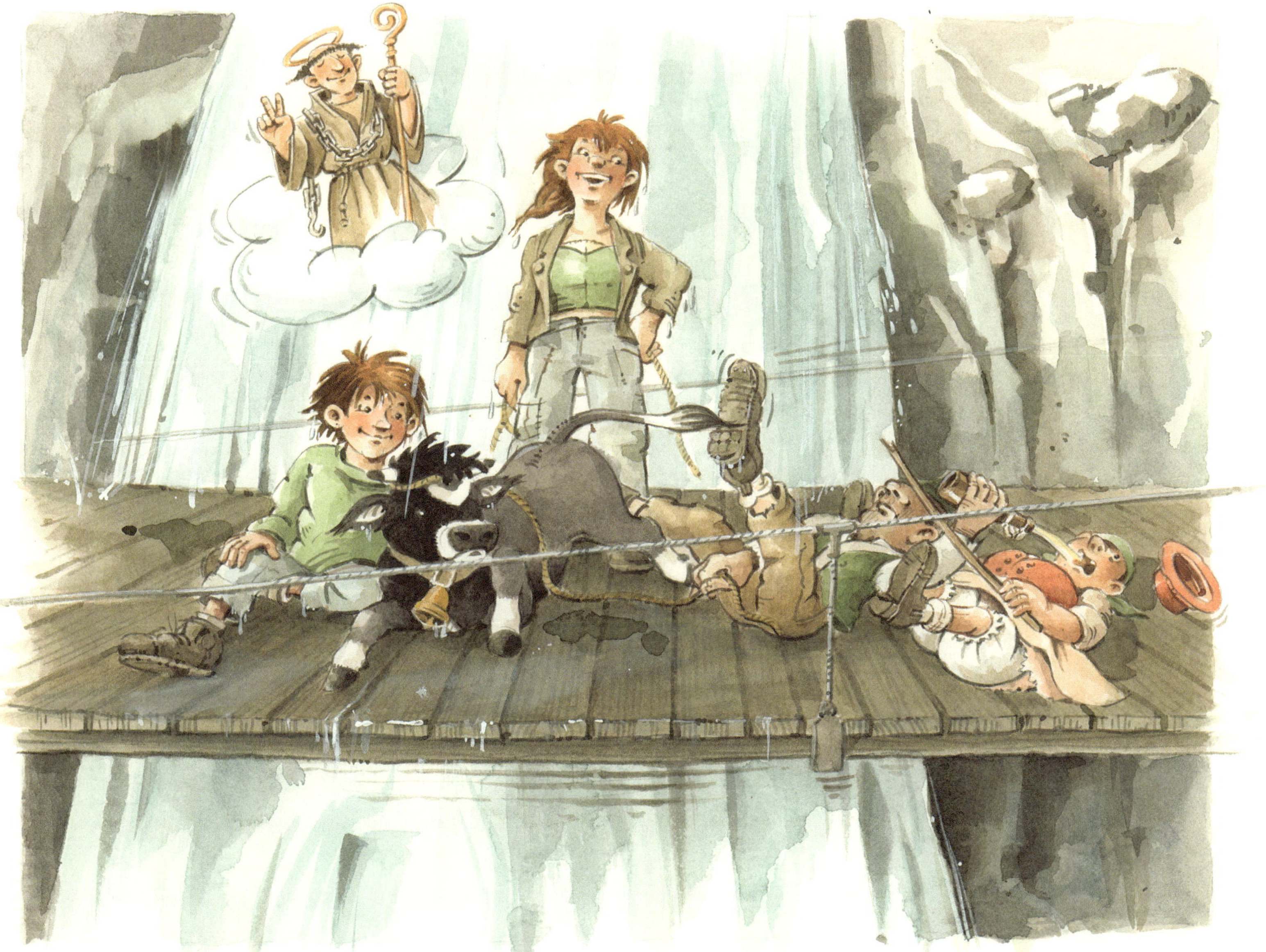

Die Brücke ächzt und schwankt, wie sie dem verzweifelten Vinzi die Stricke um Hörndl und Haxen binden, um ihn wieder heraufzuziehen. Nur mit Müh und Not schaffen sie es, denn der kleine Stier hat schon über zweihundert Kilo und hängt in den Seilen wie ein Mehlsack.

Pritschnass, aber glücklich geht der Anstieg weiter.

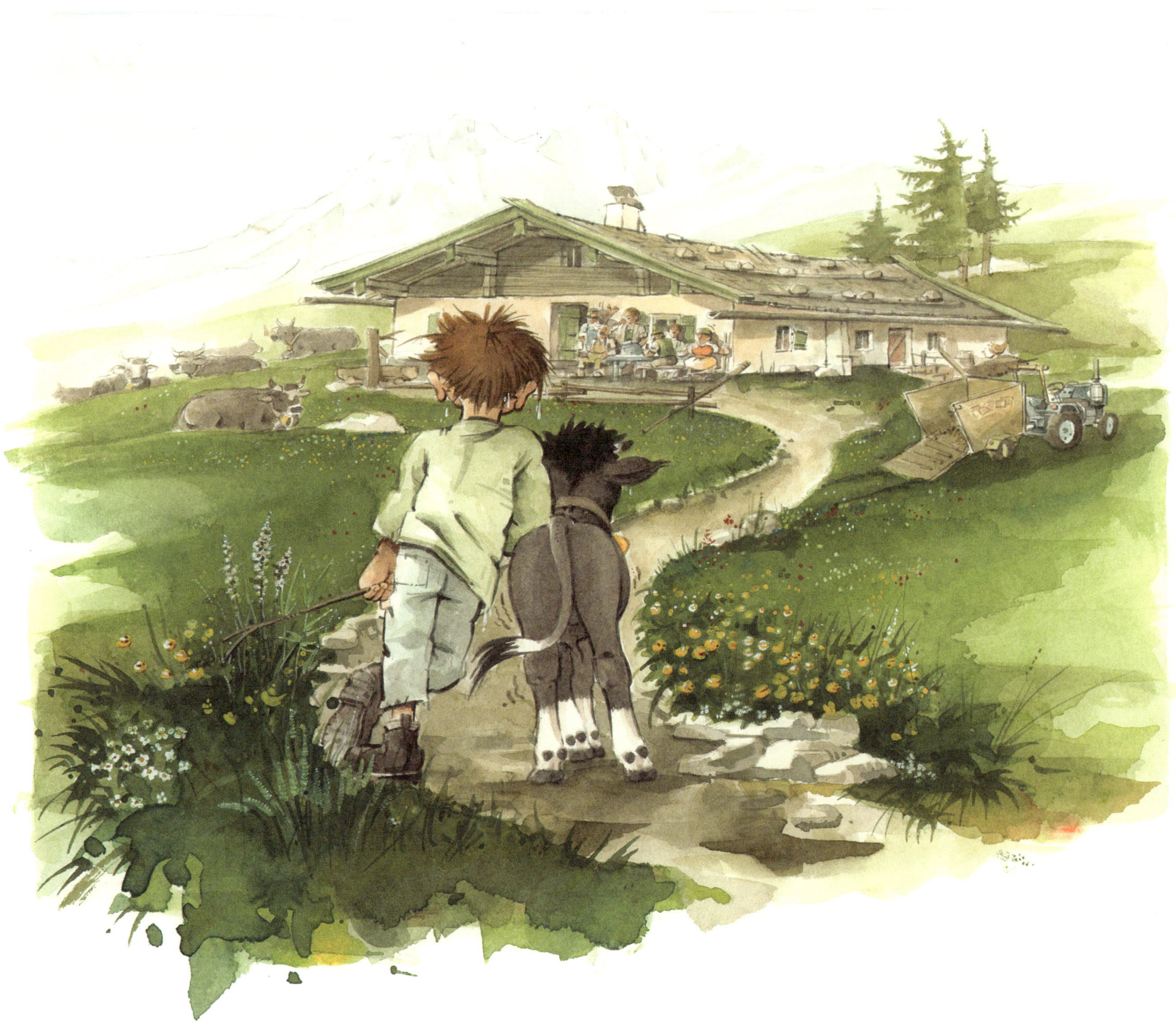

Der Wald wird immer lichter und geht über in eine wunderbar weite, blumenübersäte Almwiese. Noch ein paar Schritte über den letzten Wiesenbuckel, und jetzt steht sie tatsächlich direkt vor ihnen:

Die Hochalm!

Das haut den Vinzi fast um.

Auf der Hochalm

Wunderbar ist's auf der Alm, bei de Küah und bei de Kalm, hollero!

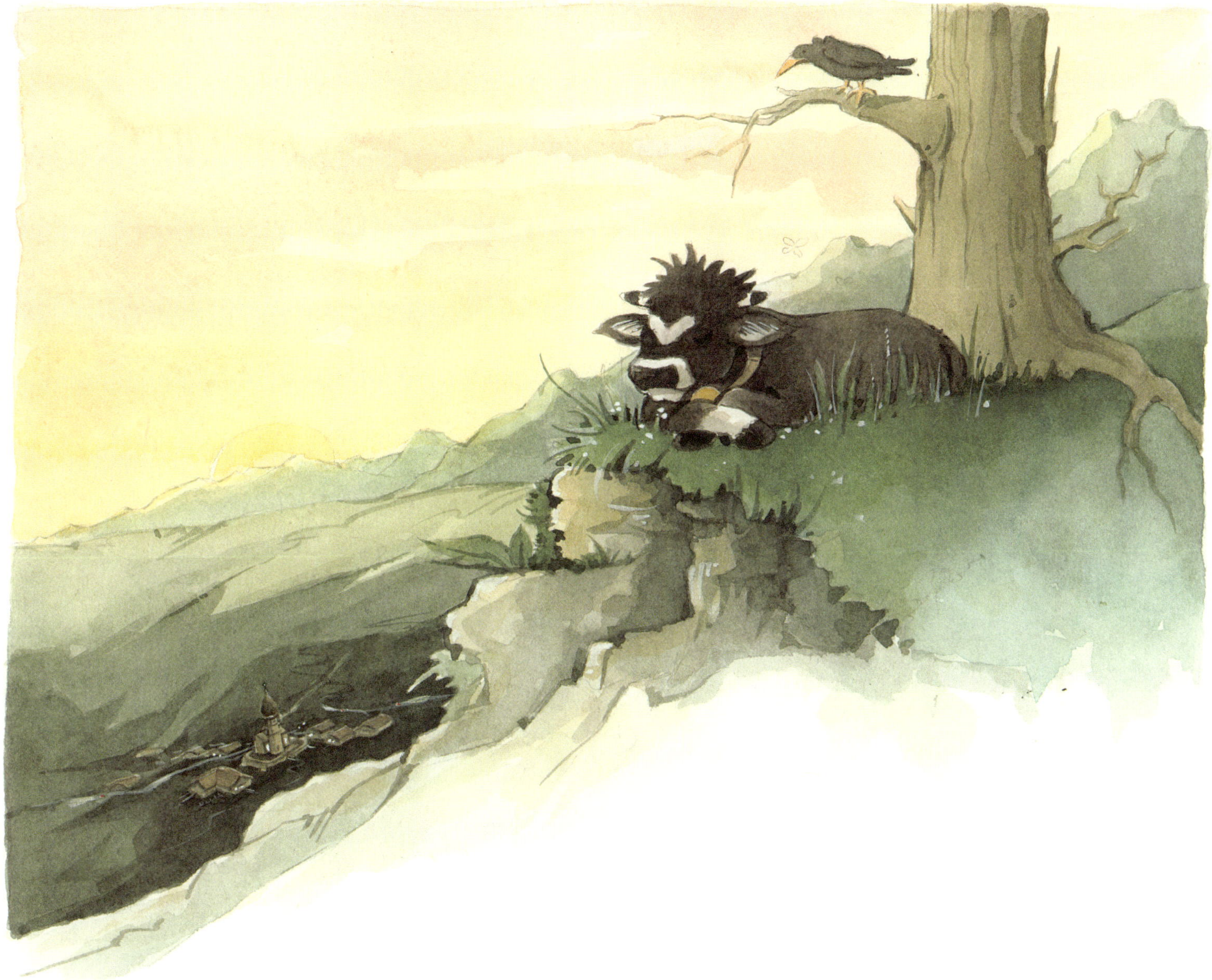

Das ist ein herrliches Leben auf der Alm! Der Vinzi schläft jetzt nicht mehr im Stall, wie unten auf dem Bauernhof, sondern im Freien. Die ganze Nacht!

Am Anfang ist er noch lieber bei seiner Mutter in der Nähe geblieben, aber bald schon hat er seinen Lieblingsplatz, den kleinen Buckel unter der zerzausten Wetterfichte, zu seinem Nachtquartier gemacht. Mit guter Aussicht, dass ihm ja nichts auskommt. Ganz in der Frühe sieht er da schon die Sonne aufgehn, wenn sie im Tal unten wahrscheinlich noch mit der Taschenlampe umeinanderstolpern oder beim Radlfahren den Dynamo einschalten müssen. Bald schreit die Zenzizi von der Hütte her ihr „Muhleimuhleimuhleimuuuh", und die Kuhtanten stehen bedächtig auf. Zuerst mit den Hinterbeinen, dann mit den vorderen, also anders als zum Beispiel die Pferde, weil die stehen nämlich zuerst mit den Vorderbeinen auf. Dann stellen sie sich auf und marschieren im Gänsemarsch zum Melken in den Stall. Der ist hinten in der Almhütte, da, wo der Misthaufen daneben ist. Gemolken wird am Morgen und am Abend. Das macht die Zenzizi jetzt mit der neuen Melkmaschine. Zuerst wird das Euter schön sauber gemacht, dann wird angeschlossen und schon pumpt sie dahin, die neue Pumpmaschin. Ungefähr fünfundzwanzig Liter Milch am Tag gibt jede Kuh. „Vorzügliche Alpenmilch von überglücklichen Kühen", wie die Zenzizi immer sagt. Die Gelikuh mag die Melkmaschine nicht, und so wird sie halt weiter mit der Hand gemolken.

Hauptsächlich wird aus der Milch der gute Bergkäse hergestellt, ein Haufen Butter natürlich auch. Bei schönem Wetter wird noch eine Fünfzig-Liter-Kanne für die Wanderer und so weiter hergerichtet, die auf der Alm einkehren. Der meiste Käse, für den die Zenzizi so beschwingt die Milch rührt, wird ins Tal gebracht und dort verkauft.

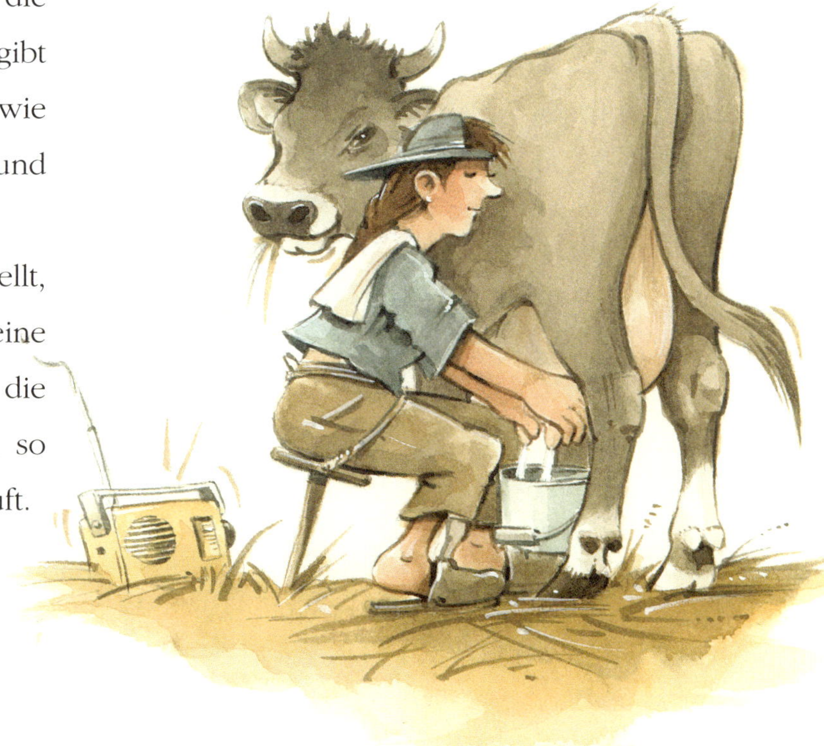

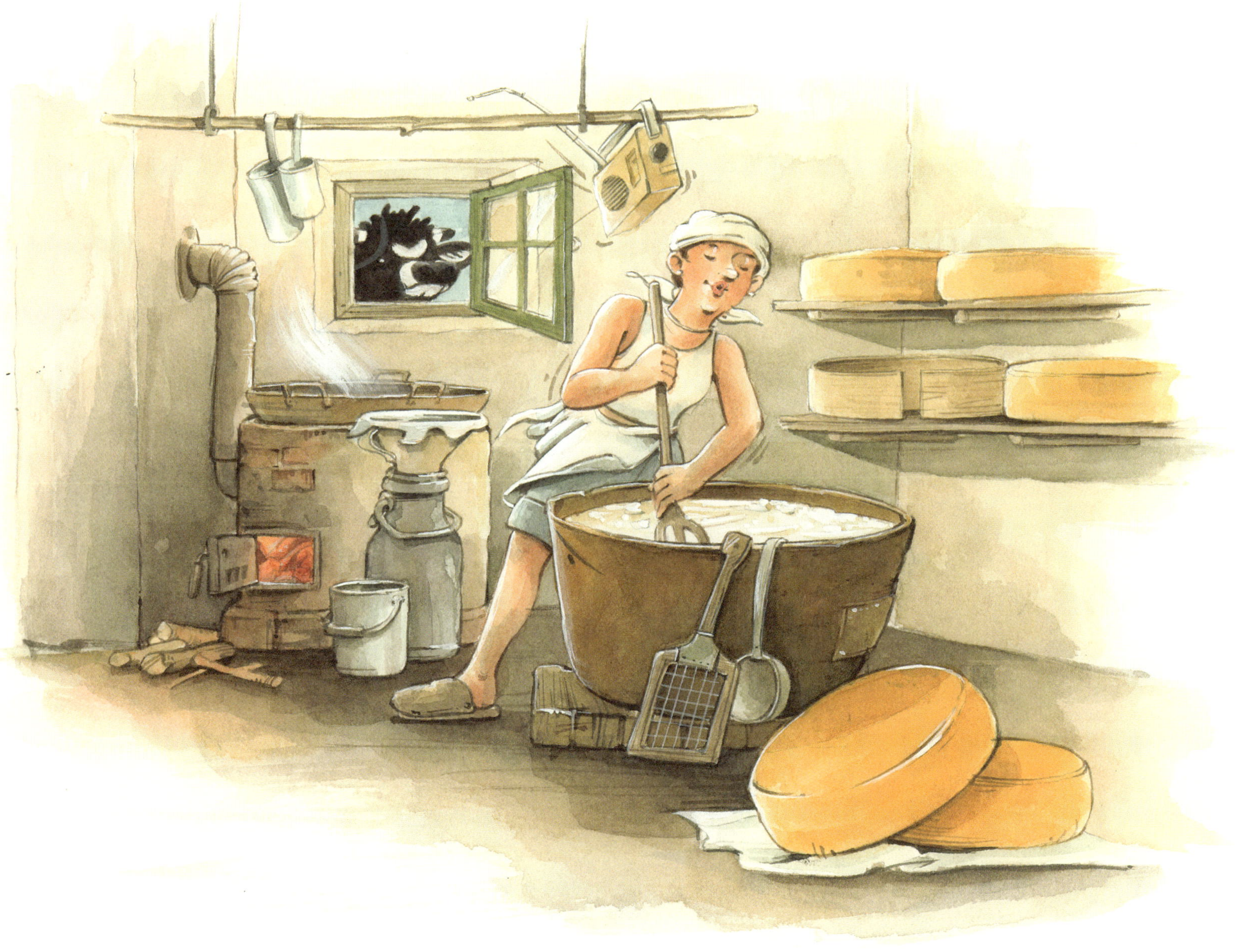

Es ist Ferienzeit. Sooft es geht, fast jeden Tag, kommt der Bertl mit seinem Geländemoped mit Arbeitsanhänger auf die Alm, um seinen Vinzi zu besuchen. Freilich hilft er da auch der Zenzizi bei ihrer Wirtschaft: Tee, Kaffee, Bier, Limo, Radler, kein Cola, Milch und Käse von überglücklichen Kühen und Brotzeiten haufenweise herumschleppen, Geschirr abräumen und abspülen. Aussi aus der Almhüttn, eini in die Almhüttn, eini und aussi rennt der Bertl oft vom Mittag bis zum Abend.

Wanderinnen und Wanderer, Bergkletterer und Bergkletterinnen, Mountainbiker, Drachenflieger, Paraglider, Höhlenforscher ... 'Eine gspaßige Gesellschaft', denkt sich der Vinzi, 'was die alles machen und warum die das überhaupt machen?' Aber solange sie ihm nicht auch noch das Gras auf der Alm wegfressen, ist ihm alles recht.

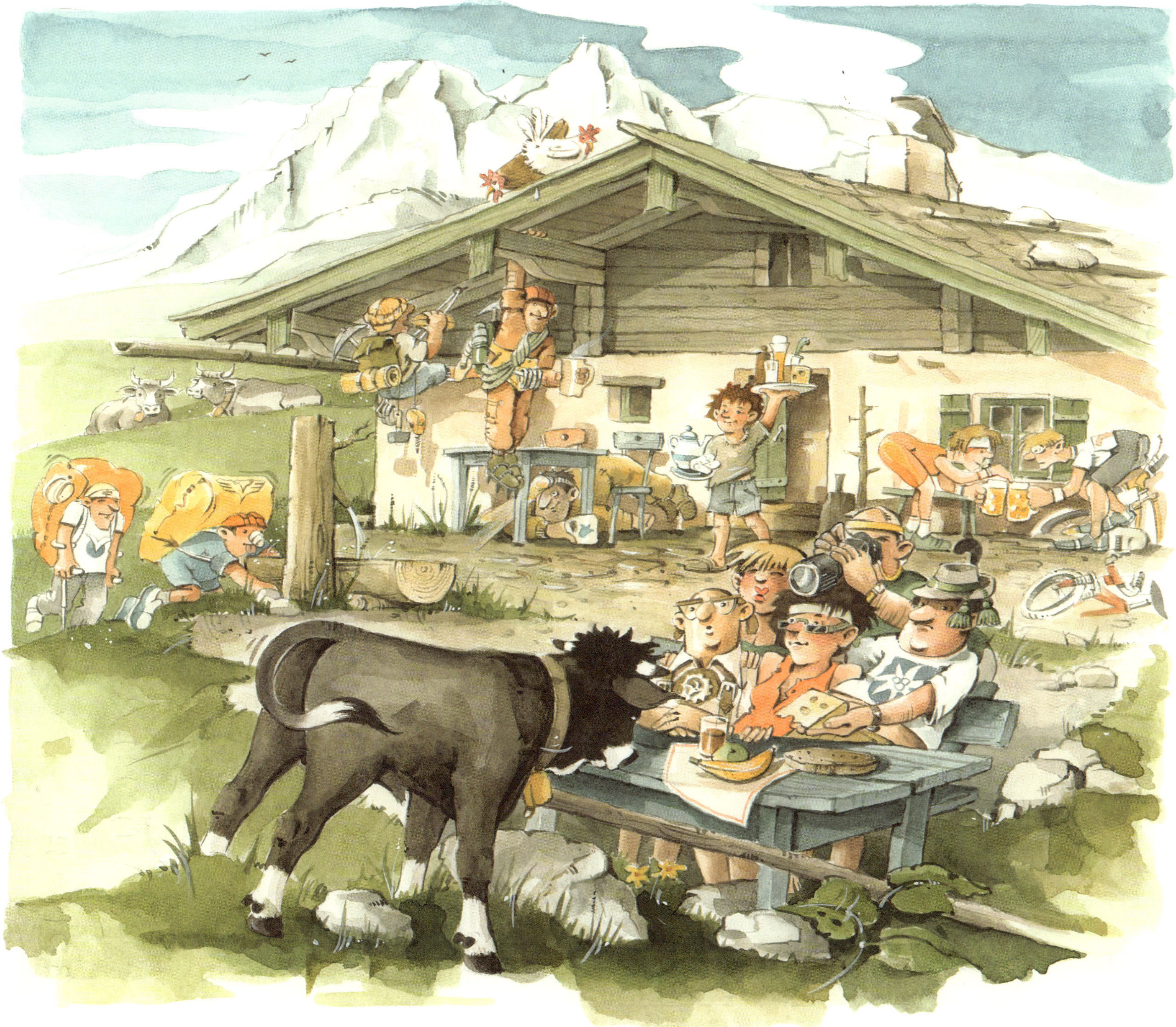

Am schönsten und gemütlichsten ist's auf der Alm, wenn ein richtiges Sauwetter ist. Da kommt dann oft der Lippknecht herauf, weil unten im Tal mit dem Heuen auch nichts geht. Sie sitzen in der warmen Stube beieinander, die Zenzizi macht dem Bertl Pommfritz, der Lippknecht trinkt sein Bier und sagt hin und wieder „Jajaa". Draußen stehen die Kühe wie angeschraubt im Regen, den Hintern in Luv, also in die Richtung, aus der der Wind kommt, und den Kopf in Lee. Da brauchst du keinen Wetterbericht, dass du weißt, woher der Wind weht. Und wie der weht, da heroben! Er pfeift um die Hütte, dass die Schindeln wackeln und der Dachstuhl kracht, und drunten in der Stube wird gelacht und gesungen:

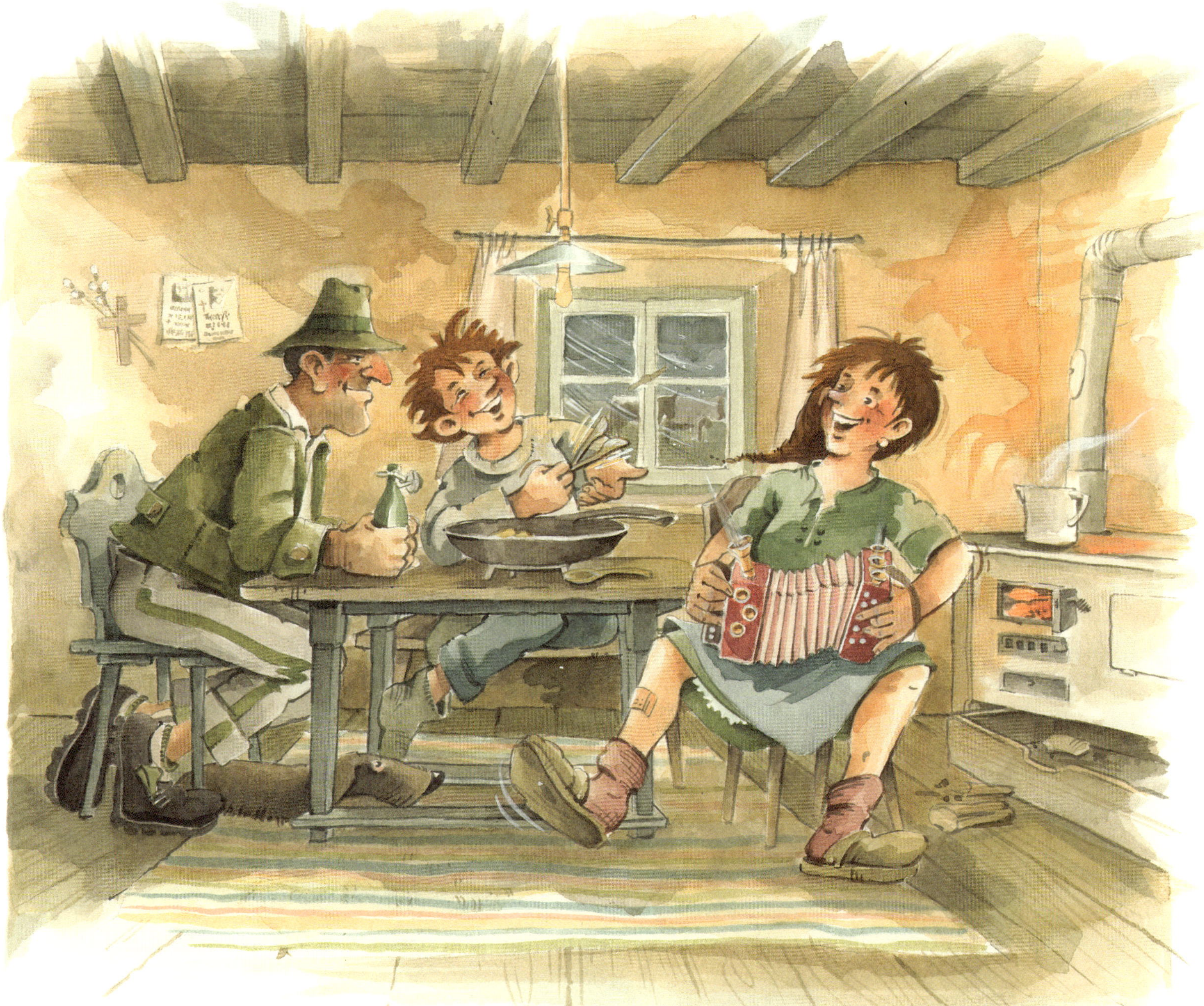

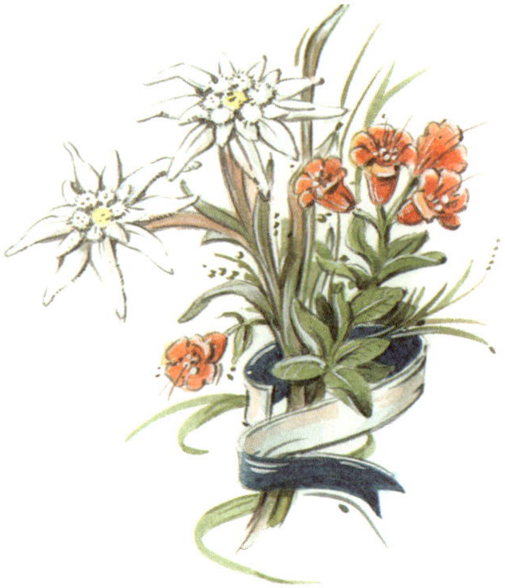

Almarausch und Edelweiß,
ew'ger Firn und Gletschereis
und mia zwoa g'hörn a dazua,
Sennerin und Sennerbua!
Dort oben nur sind wir zuhaus,
kennen uns sonst nirgends aus,
wo die Sonn' die Felsen küsst,
dorten uns're Heimat ist!

Immer bei der Stelle *wo die Sonn' die Felsen küsst* machen alle drei einen Busslmund wie die Karpfen und schmatzen, dass sie vor lauter Lachen das *dorten uns're Heimat ist* fast nicht herausbringen. Das Lied wird aber in der zweiten und dritten Strophe so traurig, dass der Bertl und die Zenzizi ganz glasige Augen kriegen, und der Lippknecht bedächtig „jaja" sagt und von seinem Bier trinken muss. Dann singen sie aber wieder so ein Schmarrnlied wie zum Beispiel:

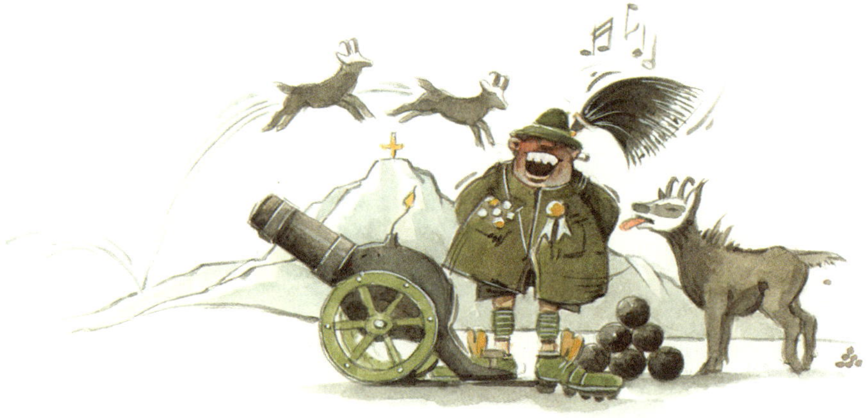

Wenn die Jemsen springen übern Bergesgüpfl,
singt der Jemsenjäger seine Haderschnüpfl.
Jute Jemse, sacht er, halt ma stüll,
weil ick dir ma runterpuffen wüll.

Richtig heißt es aber nicht Haderschnüpfel, sondern „Schnaderhüpfel"!

Und de Sennerinnnen vo da Oim
und de danzn ganz staad
und sie traun si net schneller,
weil's d'Rührmilli blaht. (pfurz...

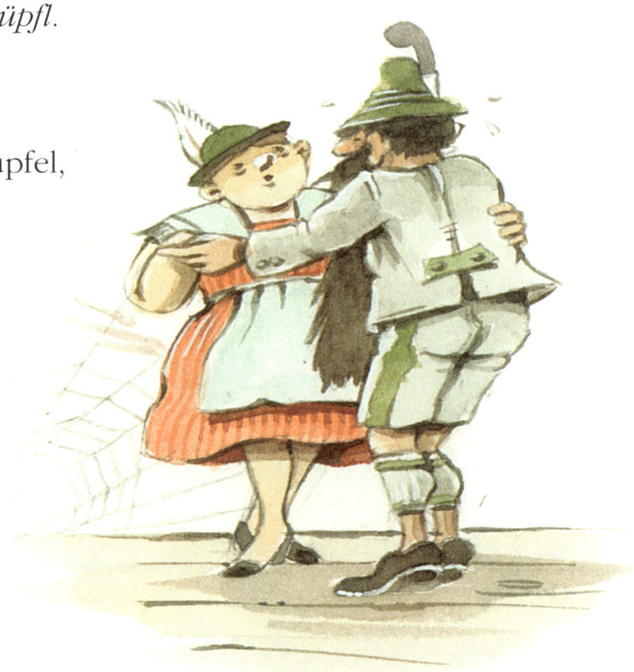

Jaja, das ist zum Beispiel auch ein Schnaderhüpfel. „Jaja."

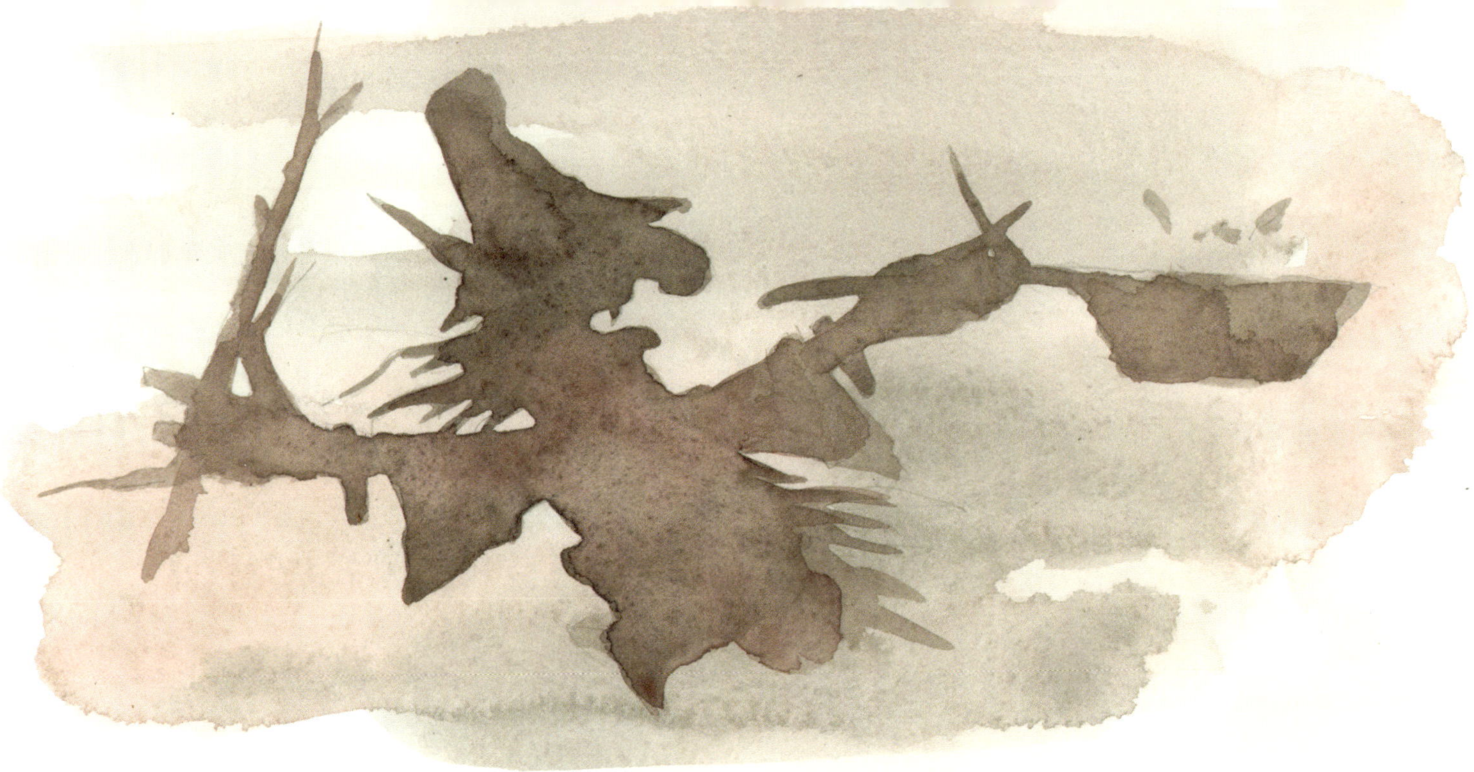

Wenn's aber draußen ganz besonders grob und finster wird, dann sagt sogar der Lippknecht was und erzählt seine Gruselgeschichten vom Berggeist samt seinem ganzen Personal:

Von der Millipritschlermarie, vom Topfnloisl und vom Kasermandl!

Da drunten im Hexnbichl hockt das Kasermandl,
kocht sich sein Muaserl in einem eisern Pfandl,
und wannst sehn willst, was drin ist,
hast 's Gsicht voller Ruaß
und den bringst nimmer oba,
kannst machn, was d' willst.

Und er, der Lippknecht, hat früher, „friahra", wie er immer sagt, auch einmal in das eiserne Pfandl hineingeschaut und lange ein ganz rußiges Gesicht gehabt. Im Dorf haben sie ihn dann für einen Wilderer gehalten und es sind auch gleich die Gendarmen gekommen und haben seine ganze Kammer durchsucht, aber außer den Hirschhornknöpfen an seiner Sonntagsjoppe nichts Wildartiges gefunden.

„Jaja, friahra, jajaa."

Neue Freunde

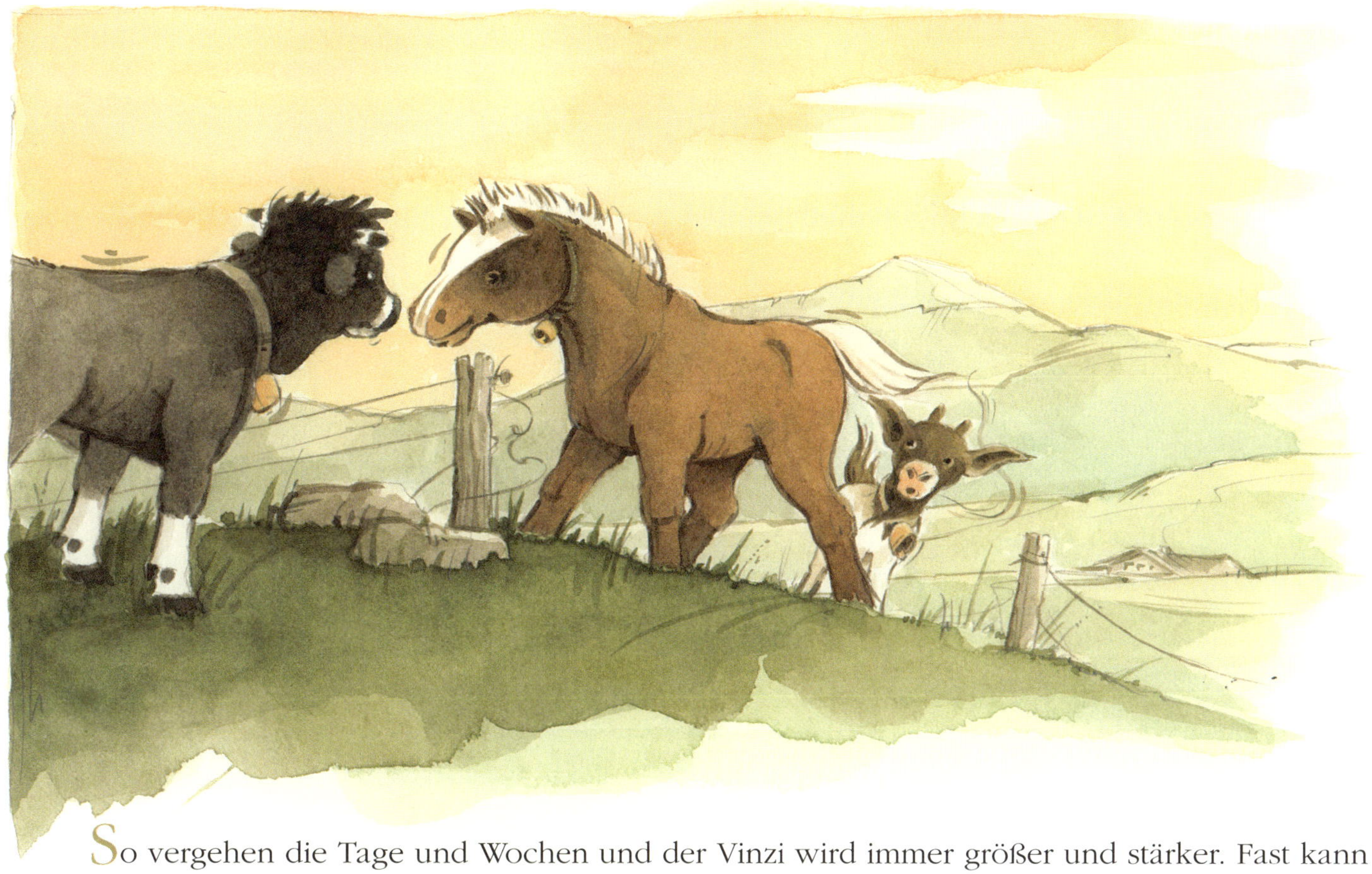

So vergehen die Tage und Wochen und der Vinzi wird immer größer und stärker. Fast kann man ihm beim Wachsen zuschauen. Er ist jetzt schon ein Jugendlicher! Neugierig und voller Tatendrang unternimmt er kleine Ausflüge. Bei einem seiner Streifzüge über einen fremden Huggl kann er bis zum benachbarten Almboden hinunterschaun – der Niederalm. Er hebt seinen Kopf in den Aufwind und geht einem seltsamen, fremden Geruch nach, einem ganz eigenartigen Duft ... und auf einmal stehen sie sich gegenüber:

Vinzi und Nori, der Kaltblüter. 'Dass der so stinkt', denkt sich der Vinzi gerade, da sieht er hinter dem Nori noch jemanden. Die kleine Ziege Goaß. Daher weht also der Wind! So werden sie Freunde, der Vinzi und der Nori, und die Goaß ist natürlich auch immer dabei.

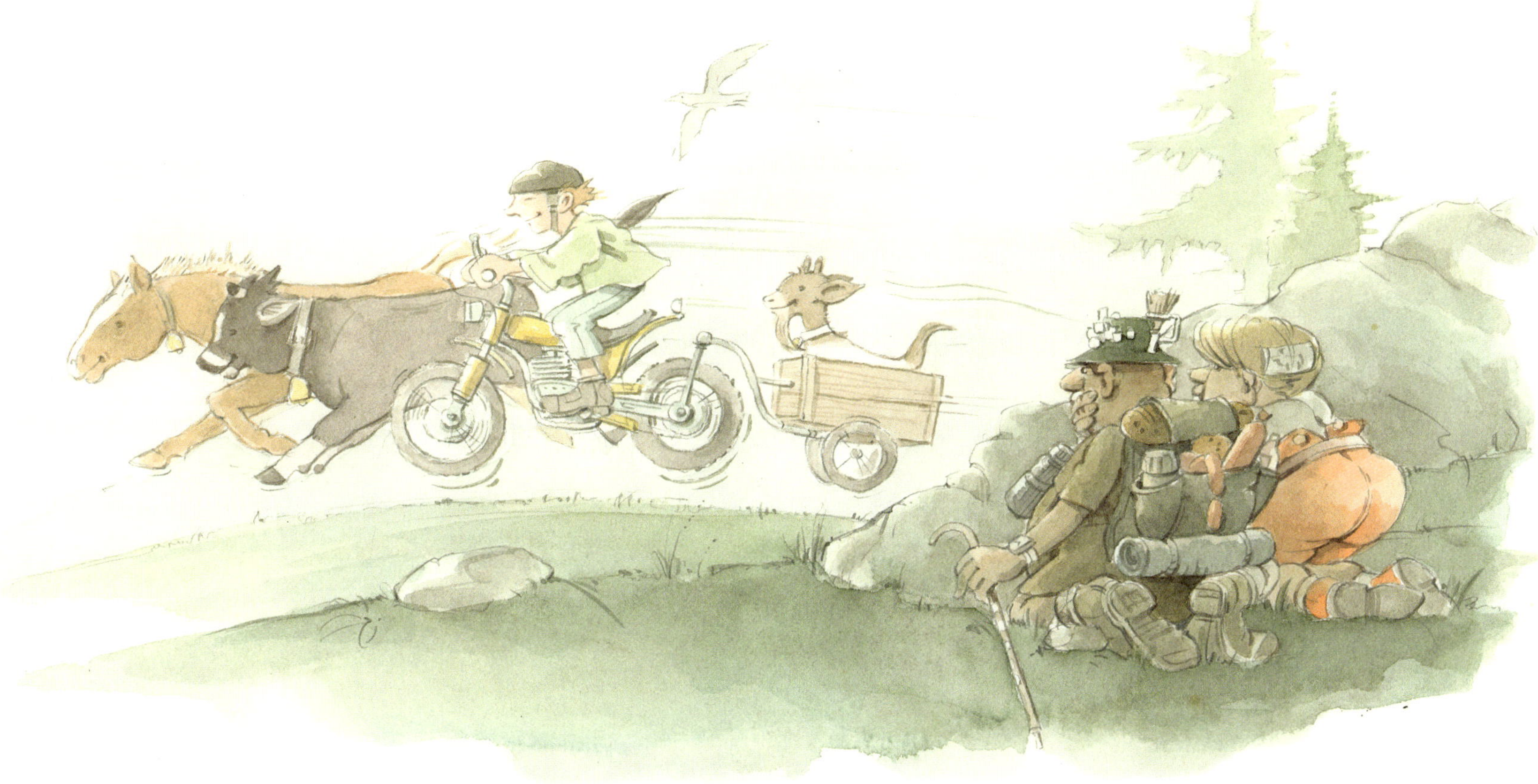

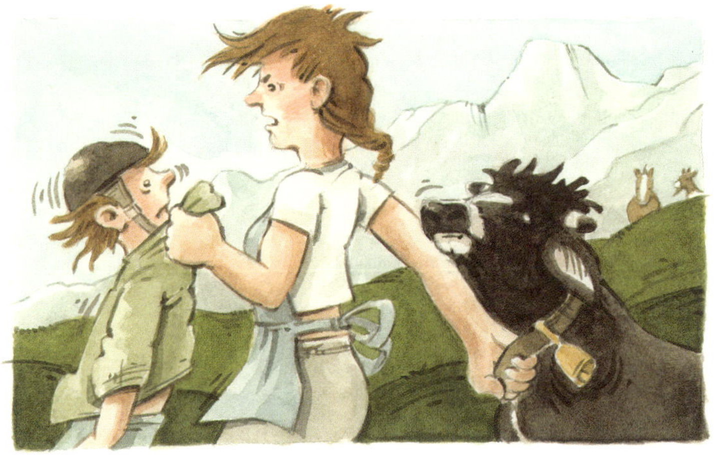

Einmal rennen der Vinzi und der Nori wie die Wilde Jagd auf den Almwiesen herum, der Bertl samt Goaß mit dem Moped nebenher. Das versetzt so manche braven Wandersleut in Angst und Schrecken, und die Zenzizi ist deswegen ganz schön zündig! Sie packt den Bertl und den Vinzi am Schlafittl, da gibt es für die beiden kein Entrinnen mehr.

Käsereise

Es ist heißer August. Zwei Wochen hat es schon nicht mehr geregnet, und im Tal sind der Opa, die Sogioma und der Lippknecht jeden Tag beim Heuen, dass es nur so staubt. Wer weiß, wie lange das gute Wetter noch hält! Normalerweise kommt der Lippknecht ja mindestens zweimal in der Woche mit dem neuen Allradtraktor herauf, bringt Bier und Limo und Apfelsaft und keine Cola und so weiter, und den ganzen fertigen Käse nimmt er nachher wieder mit ins Tal hinunter. Aber jetzt hat er keine Zeit wegen dem ganzen Heu. So hat der Bertl einen Haufen Arbeit. Jeden Tag fährt er samt seinem Anhänger zur Hochalm hinauf und bringt der Zenzizi alles was sie braucht. Und im Tal warten sie im Lebensmittelshop „Kramer“ und im „Gasthaus Zum Prost“, wie der Bertl immer sagt, schon händeringend und haareraufend auf den wunderbaren Hochalmbergkas.

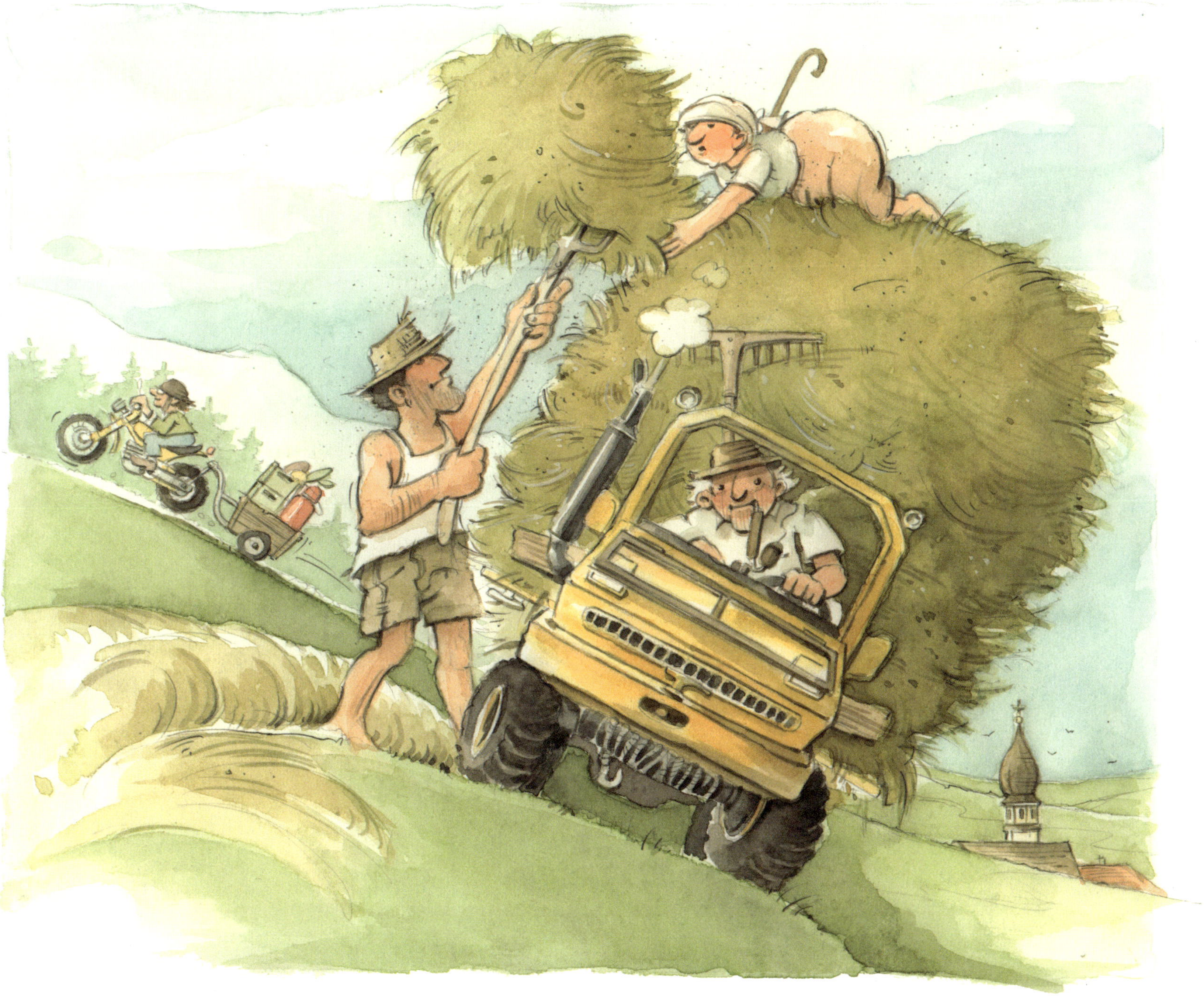

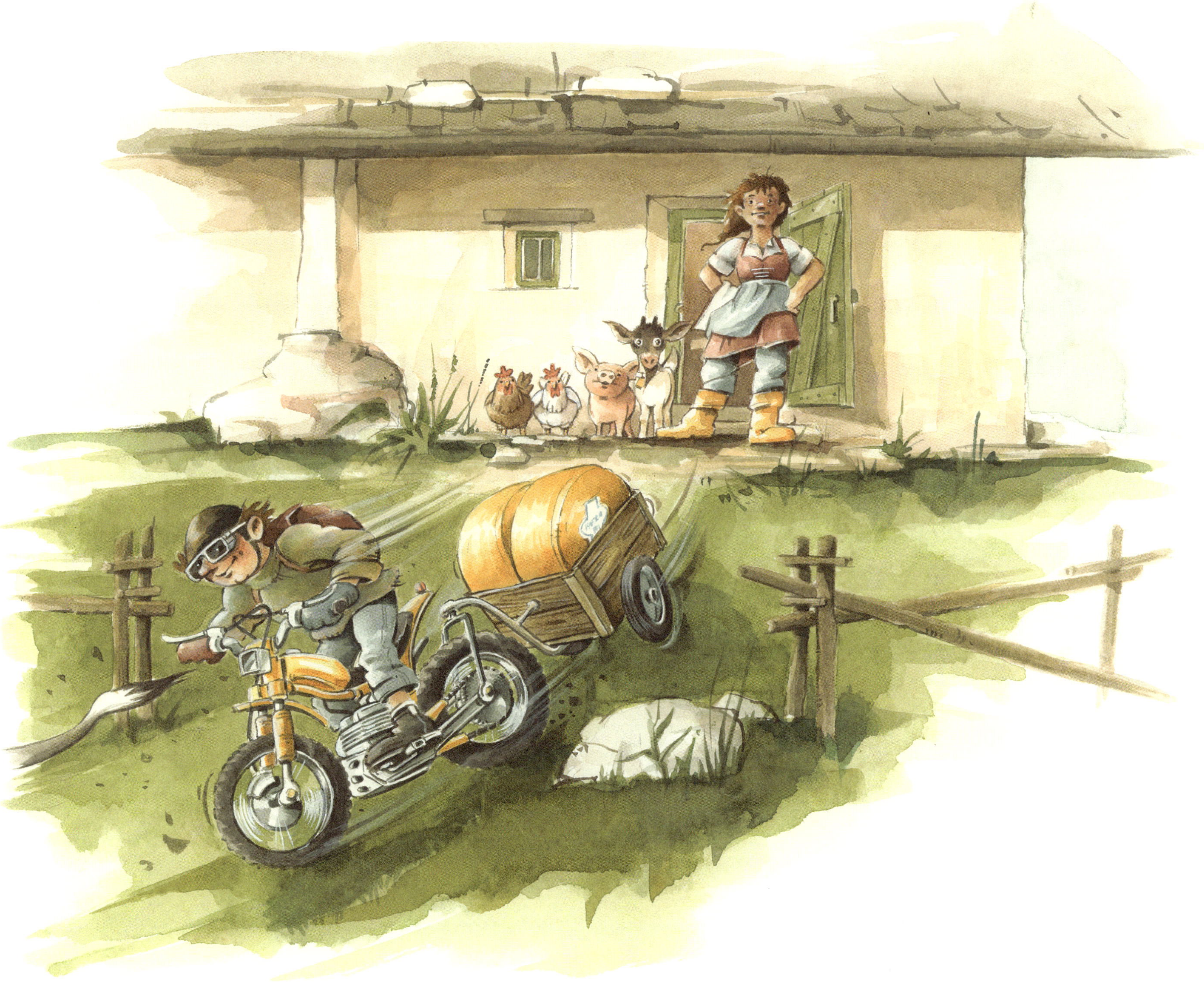

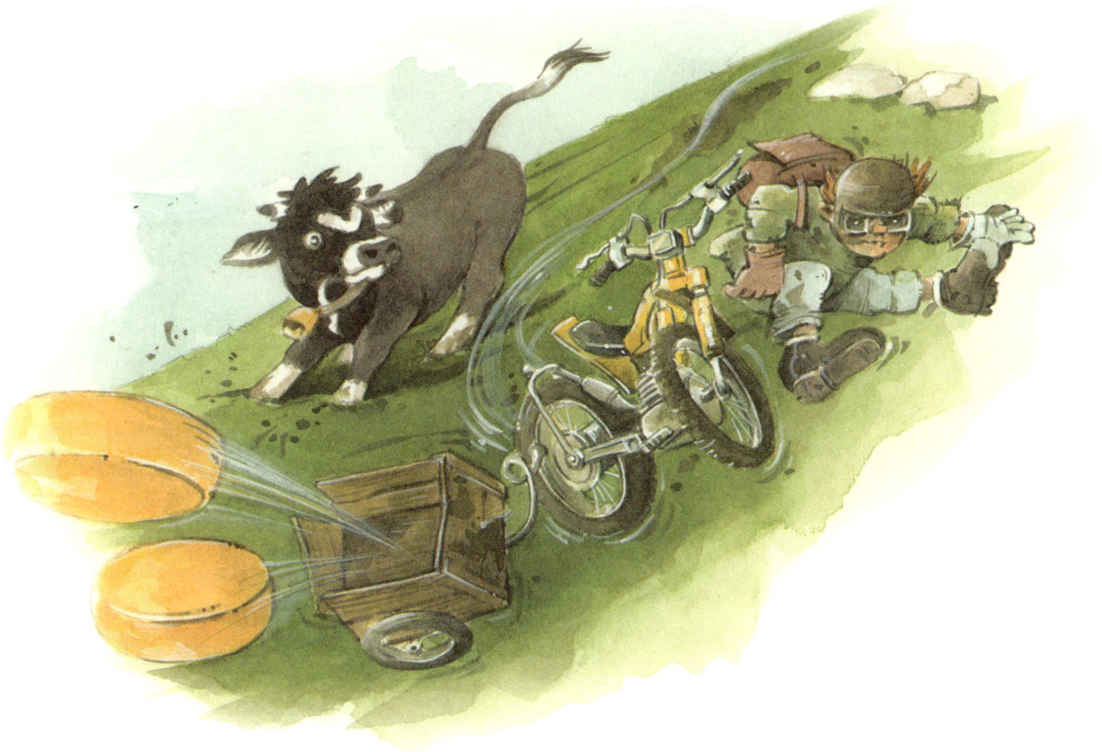

So lädt der fleißige Bertl mit der Sennerin zwei von den, sagen wir einmal ungefähr siebenundzwanzig Kilogramm schweren Laiben in seinen Anhänger und ab geht's, gleich über die Weide mit vollem Käseschub ins Tal. Der Vinzi im Galopp voraus! Er begleitet den Bertl immer, bis ihm fast der Schnaufer ausgeht.

Aber da! Der Bertl natürlich wieder zu schnell, der Kas zu schwer, das Mopedl zu leicht und der blöde Stein mitten auf der Wiese! Das Moped rutscht quer durch eine Kuhlättn, dass dem Bertl der Dreck ins Gesicht spritzt ... ein Purzeln, Scheppern, Hinfliegen, so schnell kannst du gar nicht schauen ...

Dem Bertl fehlt Gott sei Dank nichts, außer dass ihm der rechte Irgendwohinzeigefinger arg wehtut. „Wahrscheinlich Fraktur", hat er sich schon beim Aufschlag gedacht. Das ist das lateinische Wort für einen Bruch. Das hat ihm der Lippknecht gesagt, weil der nämlich auch noch bei der Bergwacht ist und medizinisch einen ganzen Haufen weiß! „Dass die Viecher aber auch überall hinscheißn dürfen!", hat sich der Bertl auch noch gefragt, und das alles beim Sturz, vielleicht in einer Hundertstelsekunde! – So ein Käse.

Ja, wo ist denn der eigentlich? Bei dem Unfall sind die Käseradl aus dem Anhänger geflogen ...

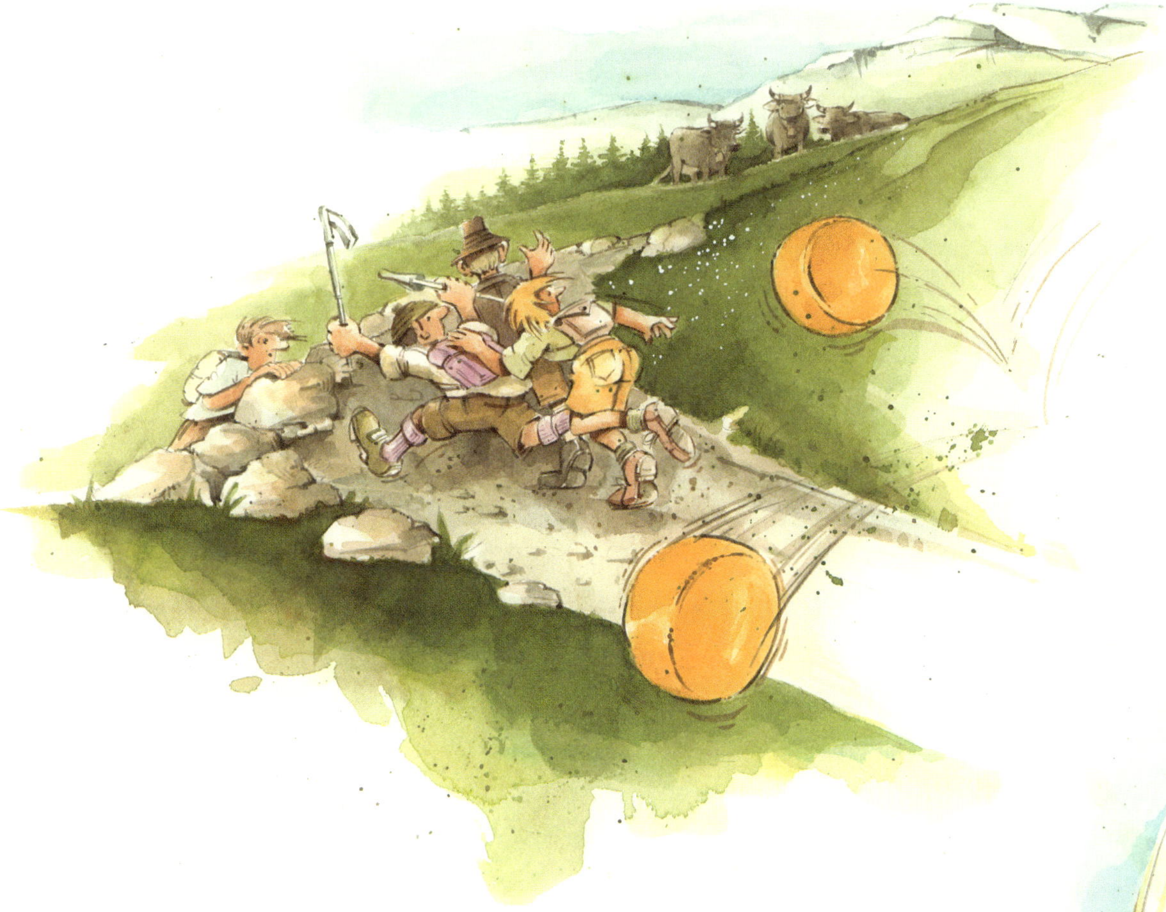

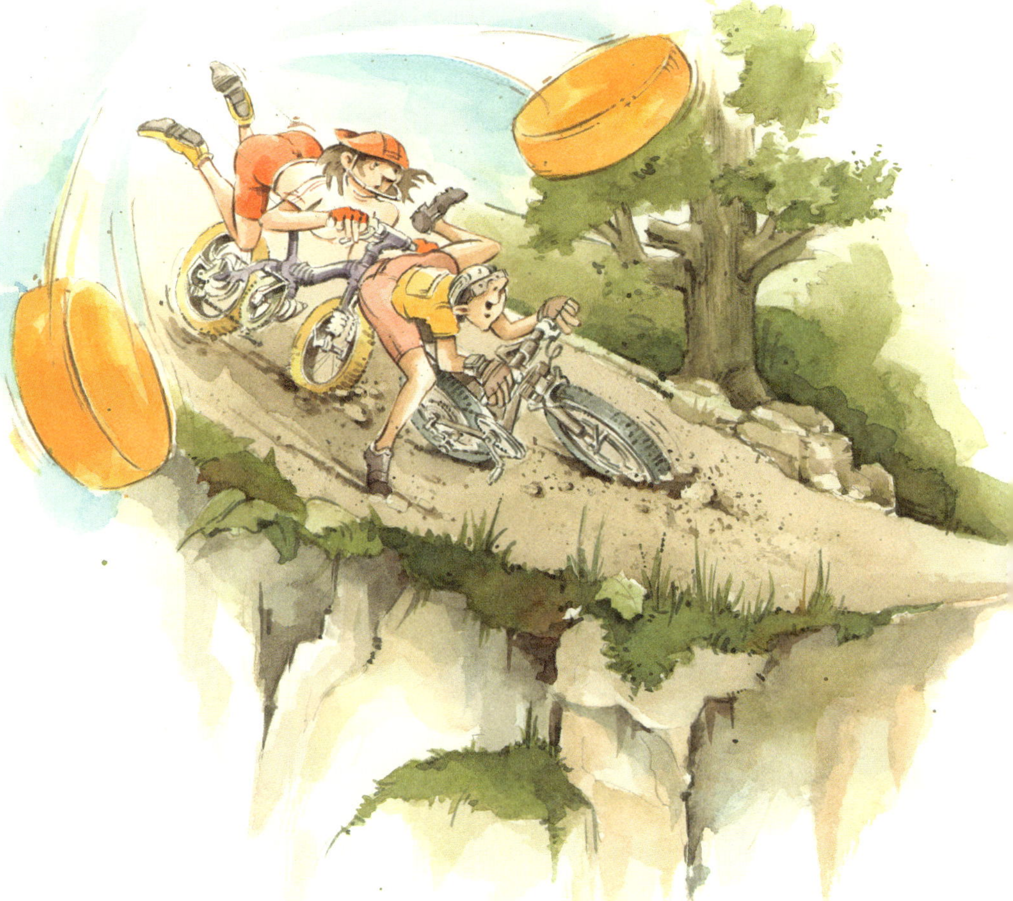

... und sind schon unterwegs ...

.... rollen, hüpfen, fliegen davon über die steile Wiese, dass sich jeder nur noch in Sicherheit bringt, um nicht von einem der schweren gelben Laibe erschlagen zu werden. Immer schneller stürzen die abwärts, brechen durch's Unterholz, lehren Wanderern das Berglaufen, fetzen über die Köpfe harmloser Biker hinweg, gleiten wie Ufos durch die Luft...

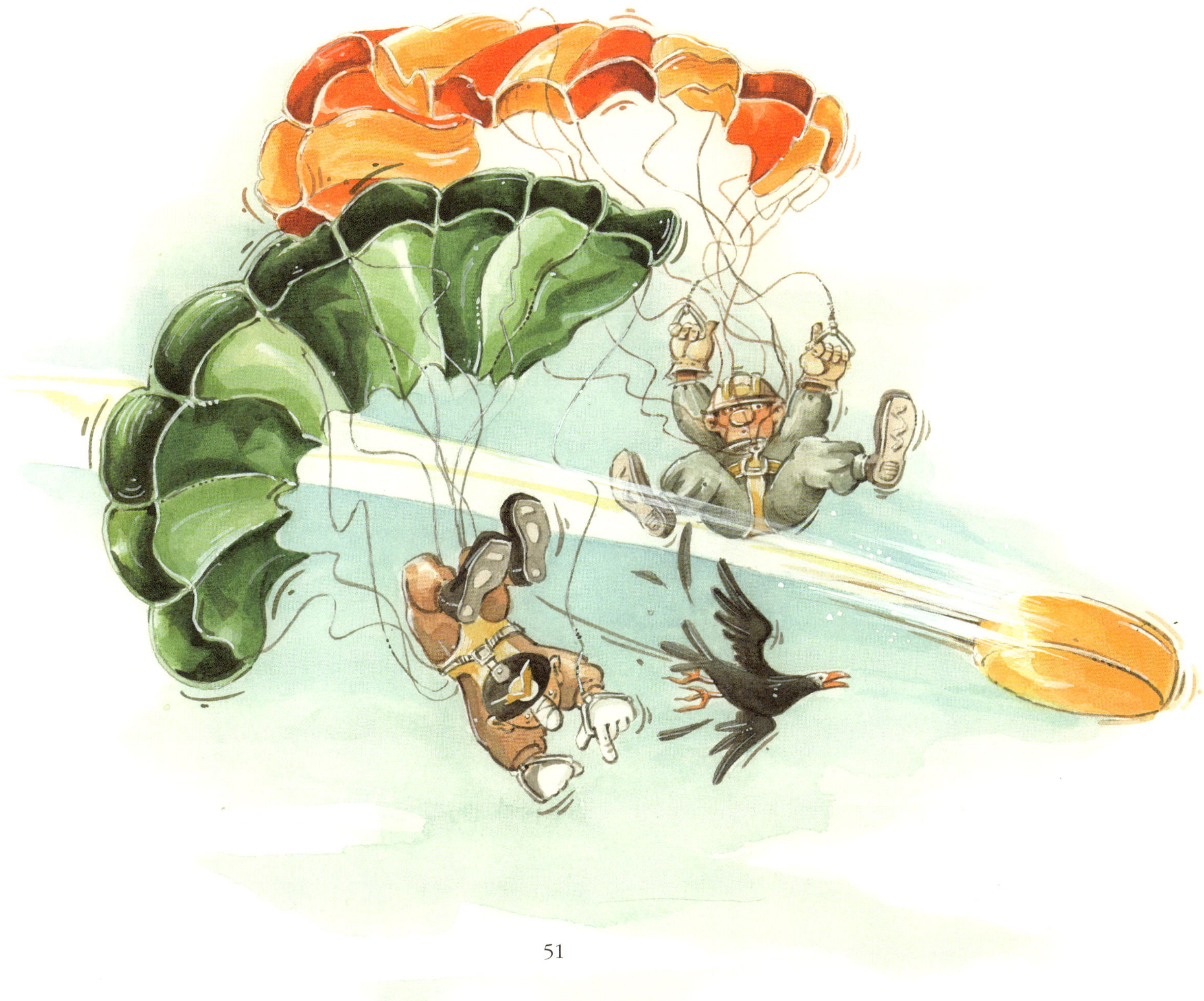

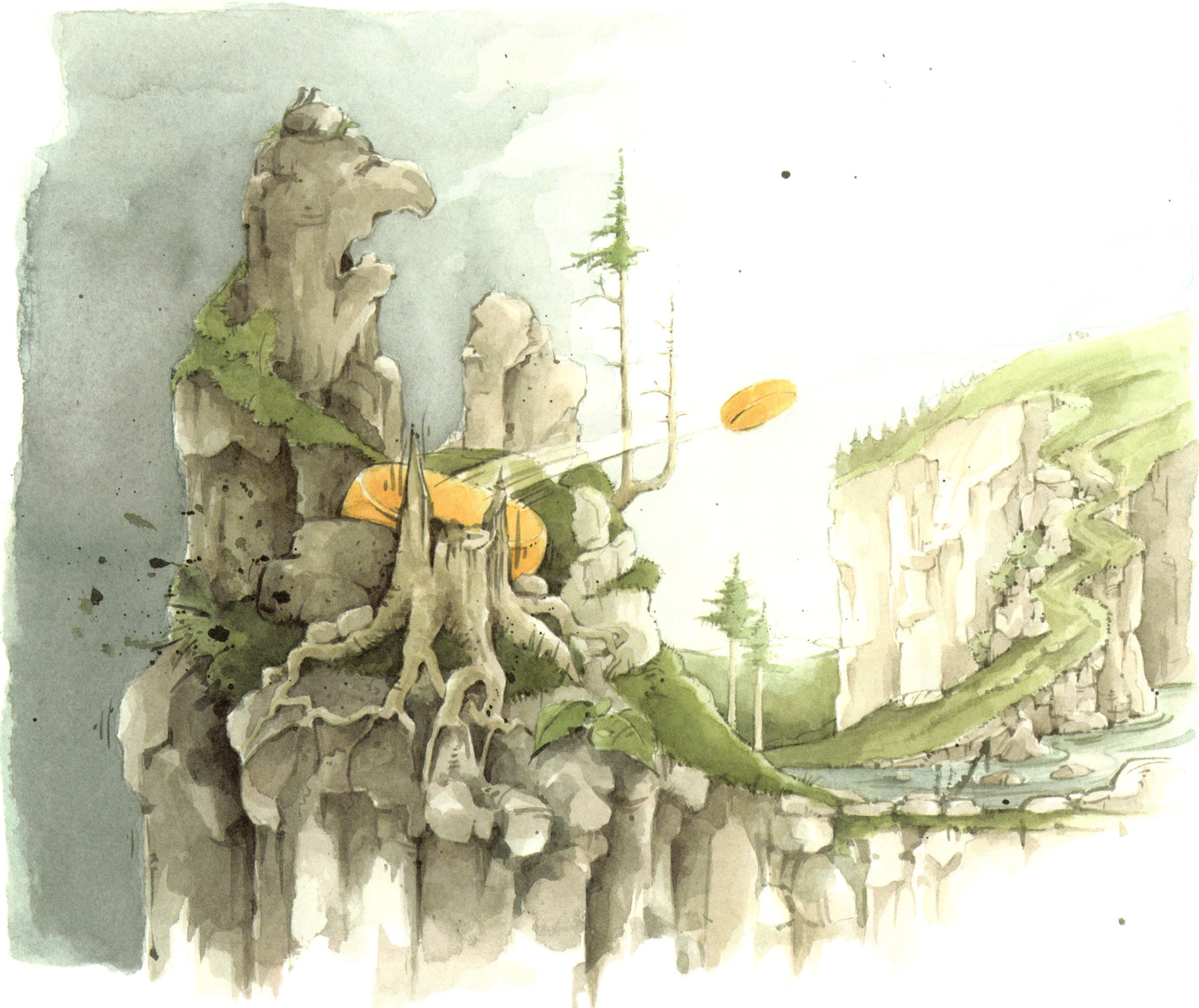

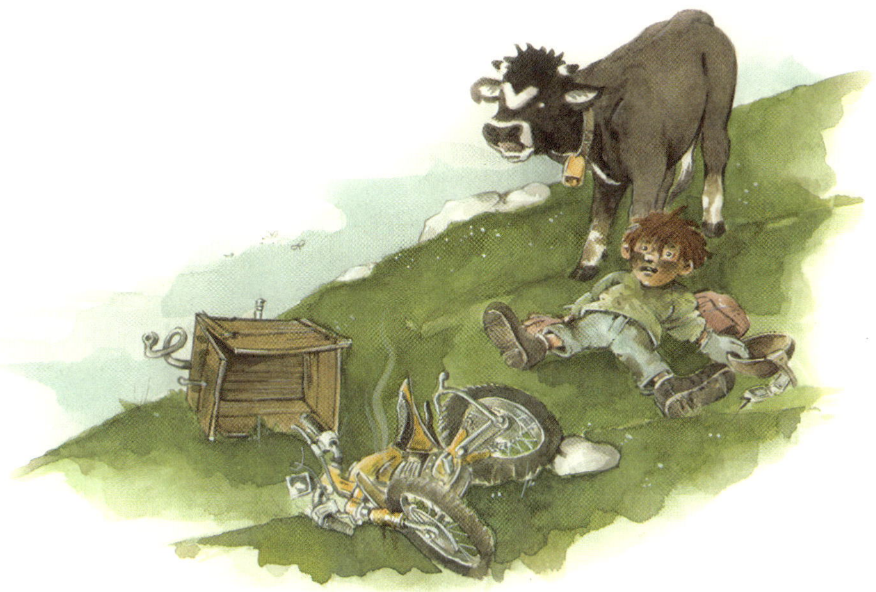

Vinzi und Bertl können von der Unfallstelle aus die gefährliche Käsereise beobachten, sehen die Laibe immer wieder für Sekunden und lassen sie nicht aus ihren aufgerissenen Augen.

„Jetzt schau, schau doch, da, nein da!!“ Schließlich sausen die Käseräder in hohem Bogen über die Wildbachschlucht und schlagen beim Hexenbichl ein.

Der Bertl und der Vinzi schauen so angestrengt, dass ihnen die Augen wassern.

Kein Naggler mehr, alles ruhig. Das war's.

„Die holen wir uns wieder“, jammert der Bertl, „Fraktur hin oder her, oder Vinzi?“ Er packt seinen Rucksack, und schon geht's hinunter in Richtung Hexenbichl. Im Laufschritt über die äußere Almwiese, dann durch den Wald, durch Sträucher und Dornen, hinab durch die steilen Rinnen.

Es ist schwül, heiß, die Sonne in einen Schleier gehüllt. Krähen kreischen und flattern von den Bäumen auf. „Jetzt pressiert's“, weiß der Bertl nach einem kurzen Blick zum Himmel, „da braut sich ein sauberes Donnerwetter zusammen!“ Jetzt sehen sie ihn, den engen Steig in die Schlucht. Auf Händen und Füßen, oft auf dem Hintern über's Steingeröll rutschend, kommt der Bertl mit dem Vinzi unten an. Beide sind sie ganz dreckig und aufgeschürft.

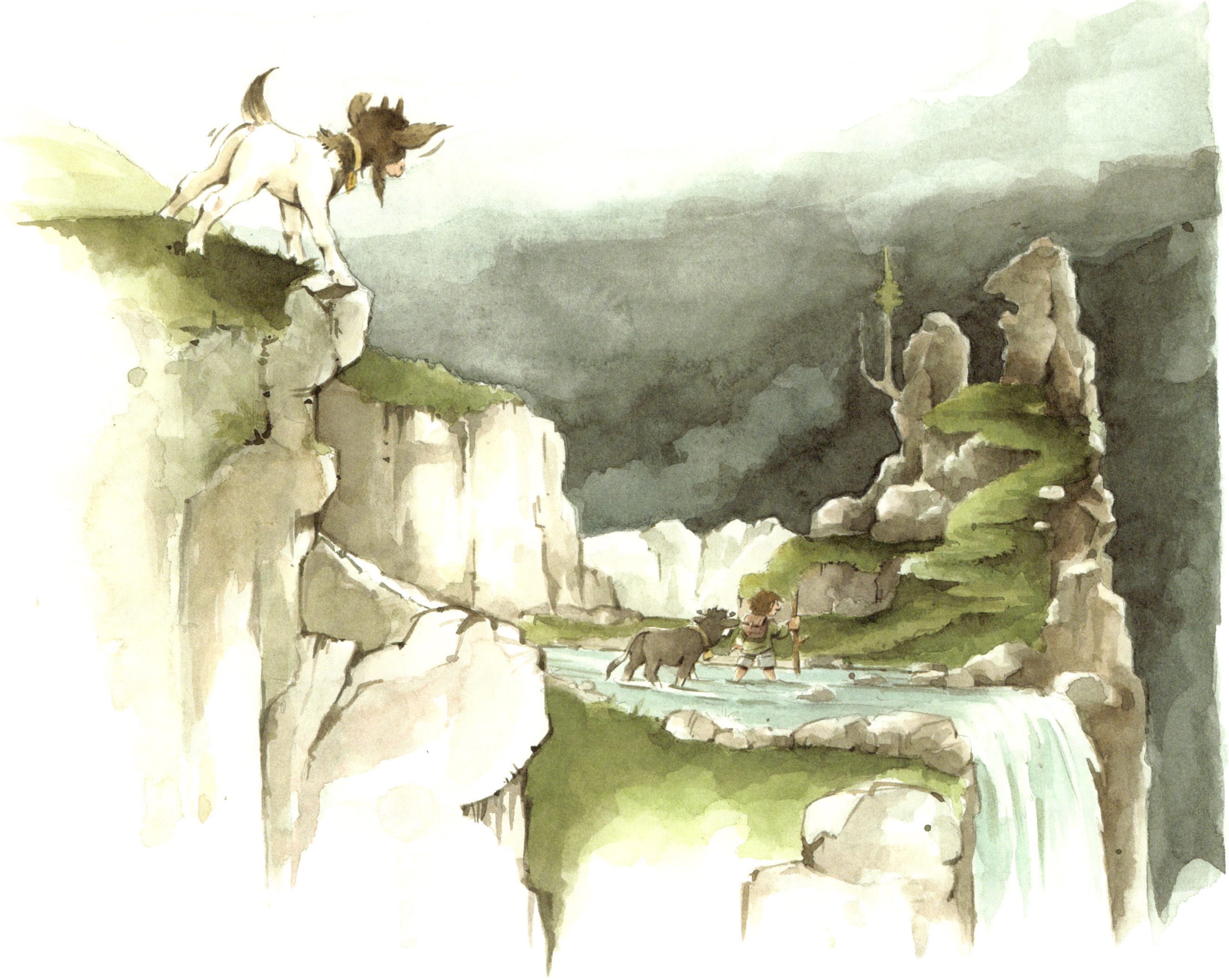

Endlich haben die zwei das Bachbett erreicht. Ein bissl Verschnaufen. Kein Lüftchen regt sich. Die Sonne ist nur noch eine milchige, flimmernde Scheibe und die bedrohlichen Wolken türmen sich himmelhoch wie ein Gebirge aus fauligem Blumenkohl. Da und dort ein kurzes giftiges Zucken in der schwarzgrauen Masse, das abgrundtiefe Gurgeln des Wildbachs und dahinter der gespenstisch aufragende Hexenbichl. „Heiliger Christophorus hilf!", denkt sich der Bertl.

Nur wenig hätte es noch gebraucht, und er wäre umgekehrt. „Soll doch der Kas bleiben, wo er ist, die gierigen Bergdohlen werden sich freun!" Doch der Vinzi schaut den Bertl furchtlos und voller Tatendrang an ...

Sie durchqueren den Wildbach. Das Wasser ist gar nicht so tief, denn es hat jetzt schon fast drei Wochen nicht mehr geregnet.

Endlich, endlich finden die beiden schnaufend und schwitzend die zwei riesigen Käseräder ganz oben auf dem Bichl, gleich hinter der „Hex“. Das ist der Felsen, der wie ein riesiger Hexenkopf ausschaut.

Wie der Bertl gerade sein Schnürl- und Seildurcheinander aus dem Rucksack wurstelt, platschen die ersten schweren Regentropfen herab. Mehr als einen Zentner Käse bindet er dem Vinzi auf den breiten Rücken. Und der Stier wackelt auch bedenklich, aber nur wegen dem Gleichgewichthalten, denn er ist mit seinen fast dreihundert Kilogramm leicht stark genug. Ein greller Blitz zerreißt jetzt die Luft, begleitet von einem bösartig krachenden Donner. Die erste Sturmböe schmeißt die zwei fast um!

„Nix wie weg da, komm Vinzi!“, schreit der Bertl seinem starken Freund ins Ohr. „Wir müssen zu der Höhle hinunter, sonst werden wir wegen dem saudummen Kas noch vom Blitz erschlagen!!“

So steigen sie, von den Regenschauern vorangepeitscht, hastig den Hexenbichl hinab. Der Vinzi wankend voran. Zwischen den großen Käselaiben schaut er aus wie ein wandelnder Vinzi-Käse-Hamburger! Der Bertl muß einfach lachen jetzt, vielleicht auch aus Angst. Egal, der Vinzi hört ihn eh nicht.

Pritschnass, aber sicher in der Höhle angekommen, ahnen sie schon, dass sie hier übernachten müssen. Der Bergbach verwandelt sich schnell in einen reißenden Fluss. Eine Durchquerung wäre jetzt lebensgefährlich. Finster ist’s fast wie in der Nacht.

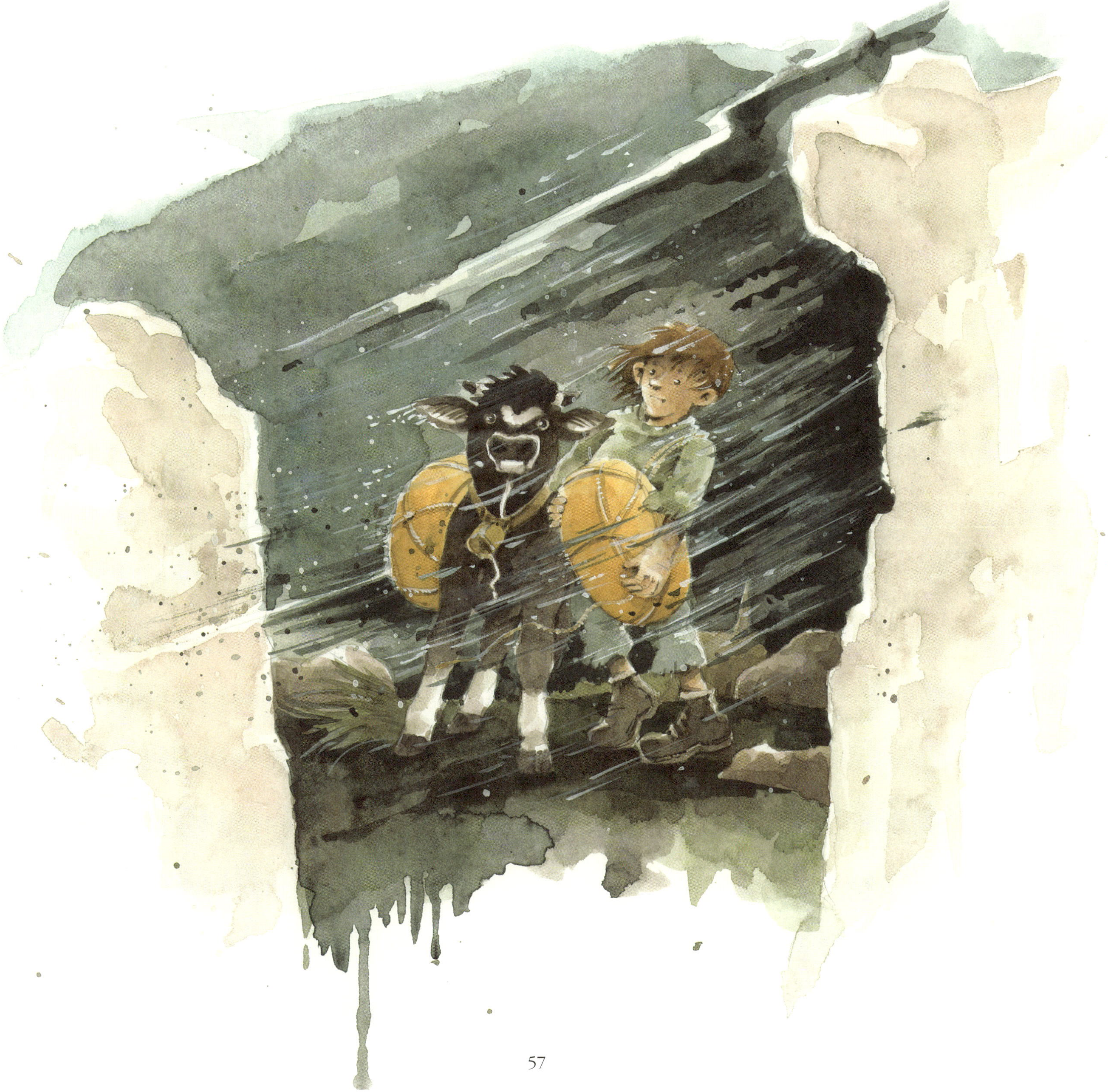

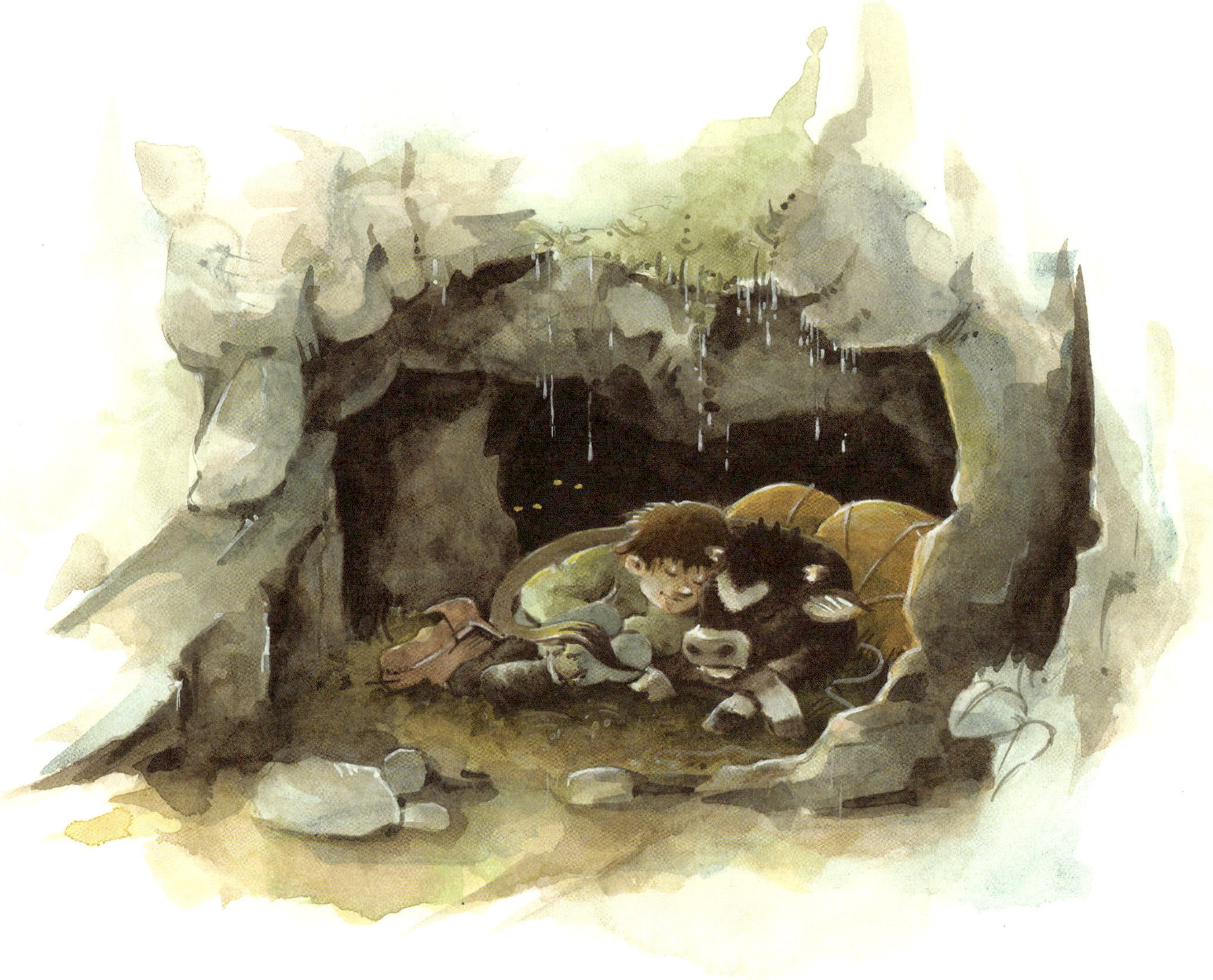

Der Bertl schmiegt sich ganz fest an den Vinzi, der ihn mit seiner Körperwärme trocknet.

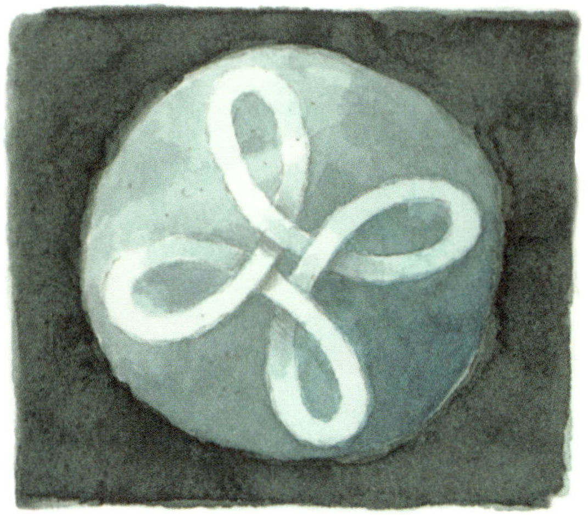

Im Hexenbichl

Irgendwann in der Nacht wachen die Freunde auf.

Aus der finsteren Tiefe der Höhle schießt ein ganzer Schwarm Fledermäuse herauf und streicht so nah an ihren Köpfen vorbei, dass dem erstarrten Bertl die Haare zu Berge stehen. „Ist schon komisch, wie die riechen“, denkt er sich, „schon ganz eigenartig, irgendwie nach rasse Enzianwurzn, nach Bärlauch und nach verbrennter Milli ...“ „Schau Vinzi, da hinten, da zuckt doch ein Licht an der Höhlendecke, da, schon wieder!“ Ein hölzernes Klappern, blechernes Scheppern, wie aus einem tiefen Brunnen ... „Staad, ganz staad“, flüstert der Bertl, und der Vinzi hält die Luft an. Beide hören Sie es jetzt ganz deutlich. Sie sind scheint’s nicht allein da herinnen ... Ein gräußliches Gruseln steigt dem Bertl ganz kalt den Rücken hinauf, und ohne den Vinzi wär er so schnell draußen aus diesem unheimlichen feuchten Loch, dass du mit dem Schauen nicht nachkommst! Aber so ...

Er packt den Vinzi, der jetzt wieder schnauft, fest am Glockengurt. Wie von dem Lichtschein magisch angezogen, gehen sie langsam, ganz vorsichtig weiter in den Berg hinein. Schon wird das Scheppern lauter, der tanzende Lichtschein heller, Rauch und Dampf ziehen vorbei ...

„Halt! Schau! Da unten!“ Der Bertl meint, er träumt. Da hockt eine Gestalt am Feuer, rührt wild in einer Pfanne, dass es zischend in die Flammen spritzt! Das Kasermandl! Daneben hupft die Millipritschlermarie umeinander, und der kasige Topfnloisl ist auch dabei und passt geduldig auf's Essen. Jetzt ruckt das Kasermandl mit dem Kopf und erstarrt. Auch die Millipritschlermarie pritschelt nicht mehr, und der Topfnloisl verdreht seine Batzlaugen. Das Mandl wittert wie ein Tier, dreht sich blitzschnell um und reckt seinen knöchernen Kochlöffel empor. Der Vinzi und der Bertl sehen in seine glühenden Augen und spüren die unheimliche Kraft, die vom Kasermandl ausgeht. Sie kommen seiner Macht nicht aus, sie müssen zu ihm hinabsteigen.

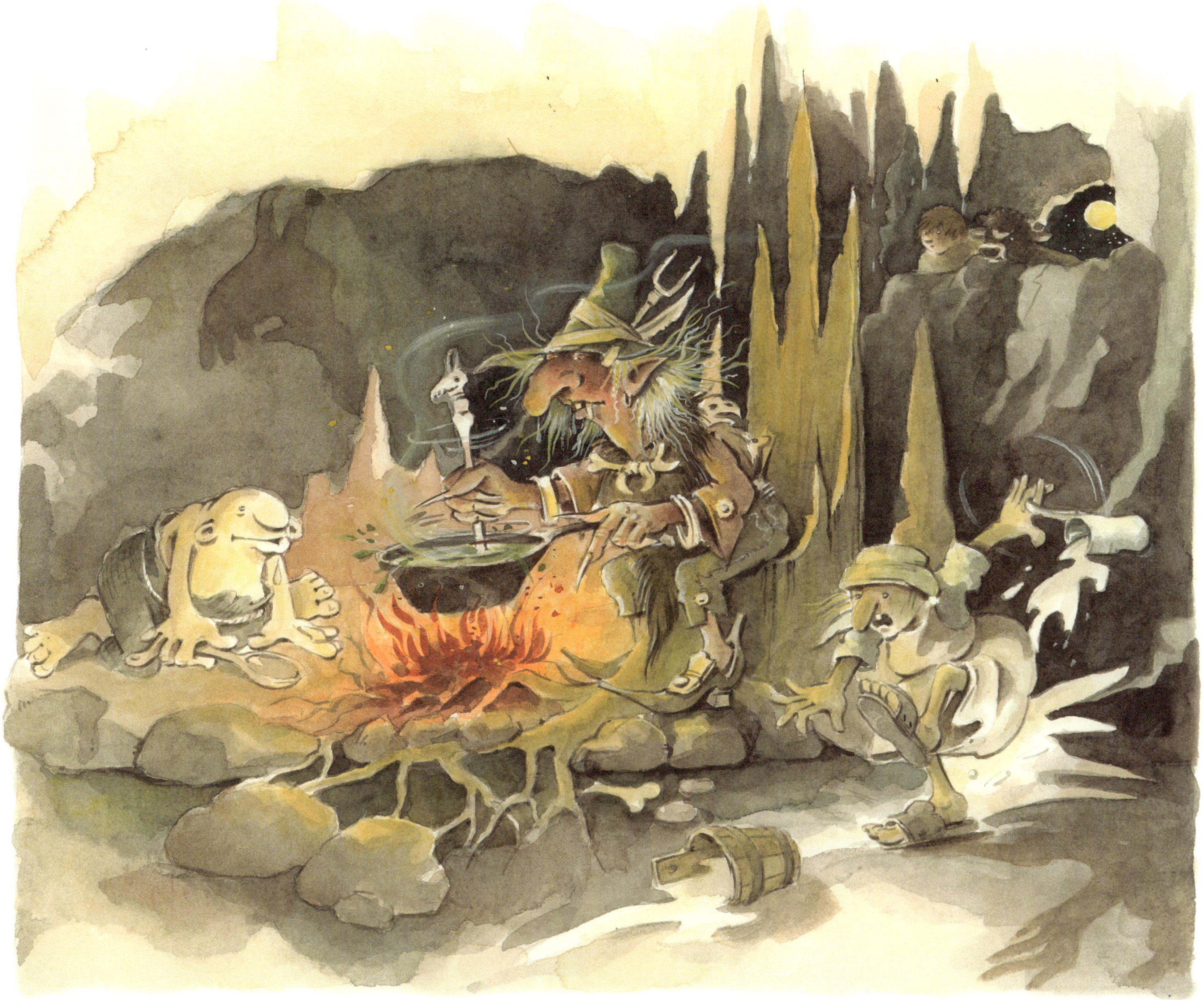

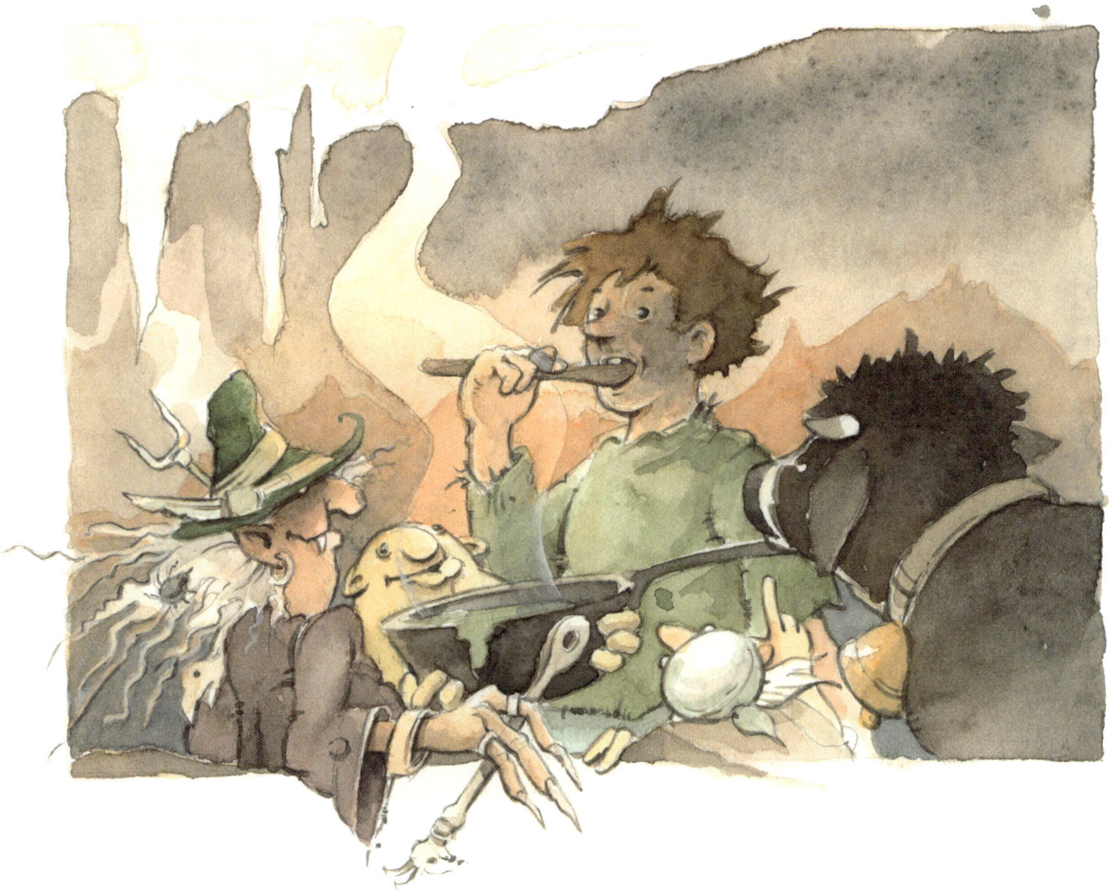

Klein ist es, das Kasermandl, höchstens halb so groß wie der Bertl. Es schaut sie grinsend an, aber nicht böse oder unheimlich, sondern mit einem Blick voll Güte und unergründlichem Wissen. Ist es hundert, ist es tausend Jahre alt? Die Millipritschlermarie dreht sich verliebt um den Vinzi umertum, und der Topfnloisl hockt andächtig dabei. Langsam dreht er jetzt seinen runden Kopf, nickt dem Kasermandl zu und drückt dem Bertl gleich seinen Holzlöffel in die Hand. Wenn der bloß wüsste, was da drin ist, in dem Pfandl! Riechen tut's gar nicht schlecht und Hunger hat er auch einen narrischen, weil er doch seit gestern Mittag nichts mehr gegessen hat! Der Vinzi verzieht zwar sein Gesicht, aber das Mandl strahlt ihn aufmunternd an ...

Vorsichtig schlürft der Bertl den ersten Löffel und gleich noch einen und noch einen! „Ja, so was Guads!“ Ganz warm wird ihm um's Herz und im Hirn. Dem Vinzi seine Augen werden immer größer, weil der Bertl so ein gspaßiges Gesicht kriegt, so ein rußiges, genau so, wie's in dem Lied vom Kasermandl vorkommt und wie's der Lippknecht erzählt hat!

Der Topfnloisl wird langsam unruhig und starrt drängend das kichernde Mandl an, das auf einmal gach aufhupft. Die Millipritschlermarie schwingt sich in Nullkommanix auf den verdutzten Vinzi und los geht's! Aber wohin?!

Der Topfnloisl patscht freudig voraus, das Mandl packt seinen Wanderstecken, und der Vinzi und der Bertl müssen mit hinab in die kalten feuchten Stollen, immer weiter hinein in den tiefen Berg, durch enge Schächte, weite Grotten, durch Wasserläufe und immer weiter hinunter, immer weiter, weiter, weiter. Das Kasermandl springt dahin, flink wie eine Gams. Der Vinzi mit der Millipritschlermarie im Genick und der Bertl rutschen und stolpern hintennach. Immer weiter!

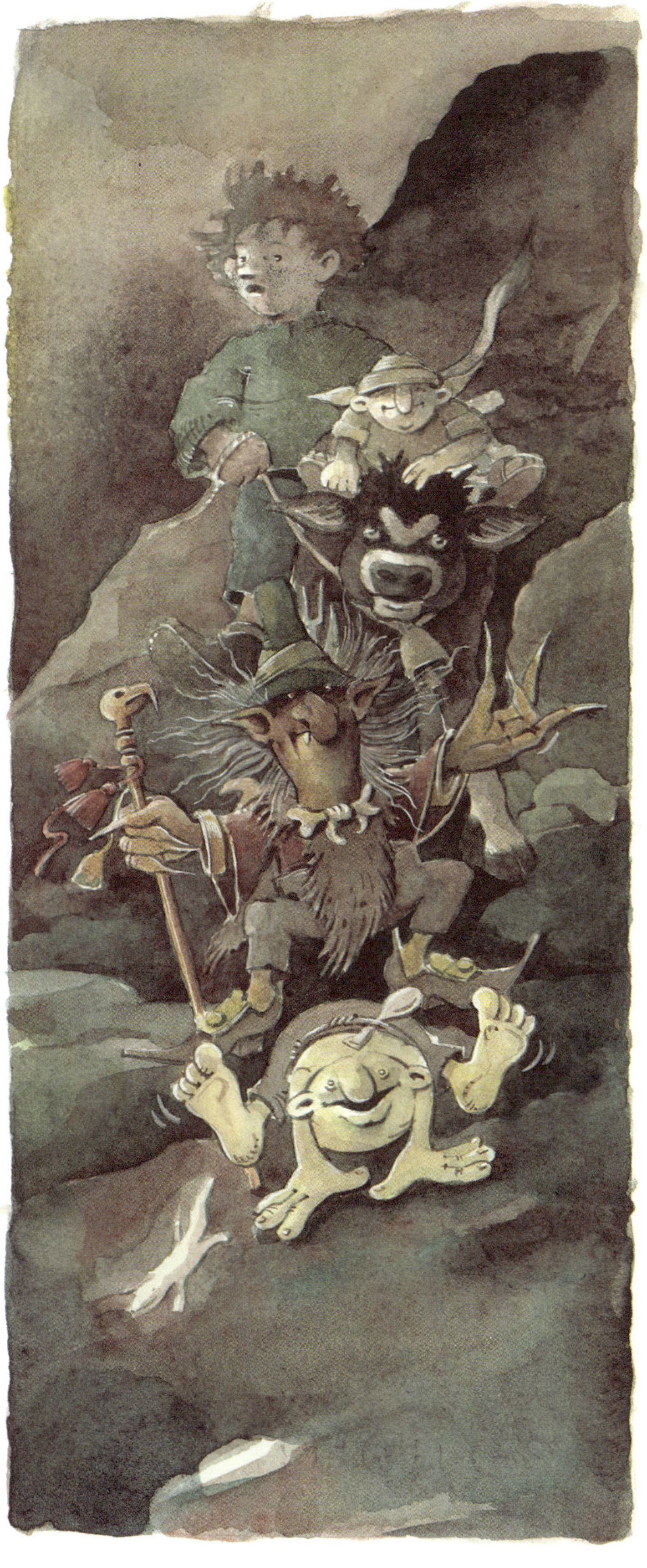

Bald tut sich eine riesige Höhle auf, so hoch und so weit wie eine Kathedrale, und ein kristallklarer See liegt vor ihnen. Nebelschleier schweben über der unendlichen spiegelglatten Wasserfläche.

Am weißen Uferkies wartet ein dunkler hölzerner Kahn auf sie. Dem Vinzi wird's ein bißl mulmig, weil er doch noch nie Schifferl gefahren ist! Das muss es sein, das Reich vom Kasermandl. Fast lautlos gleiten sie über's Wasser. Langsam verschmelzen die Nebelschleier, verdichten und formen sich.

Was ist das? Ein Steinbock, ein Dachs, ein Feuersalamander! Ein Adler löst sich aus dem Dunst und lässt sich nieder. Da, eine Eule, ein Auerhahn ...

Vor ihnen baut sich die ganze Bergwelt auf, mit all ihren Tieren und Pflanzen. Das Kasermandl hat aufgehört zu rudern, das Schiff liegt still auf dem See. Aus dem Nebel löst sich eine kleine Kristallkugel und schwebt über's Wasser, direkt in die ausgestreckte Hand vom Bertl.

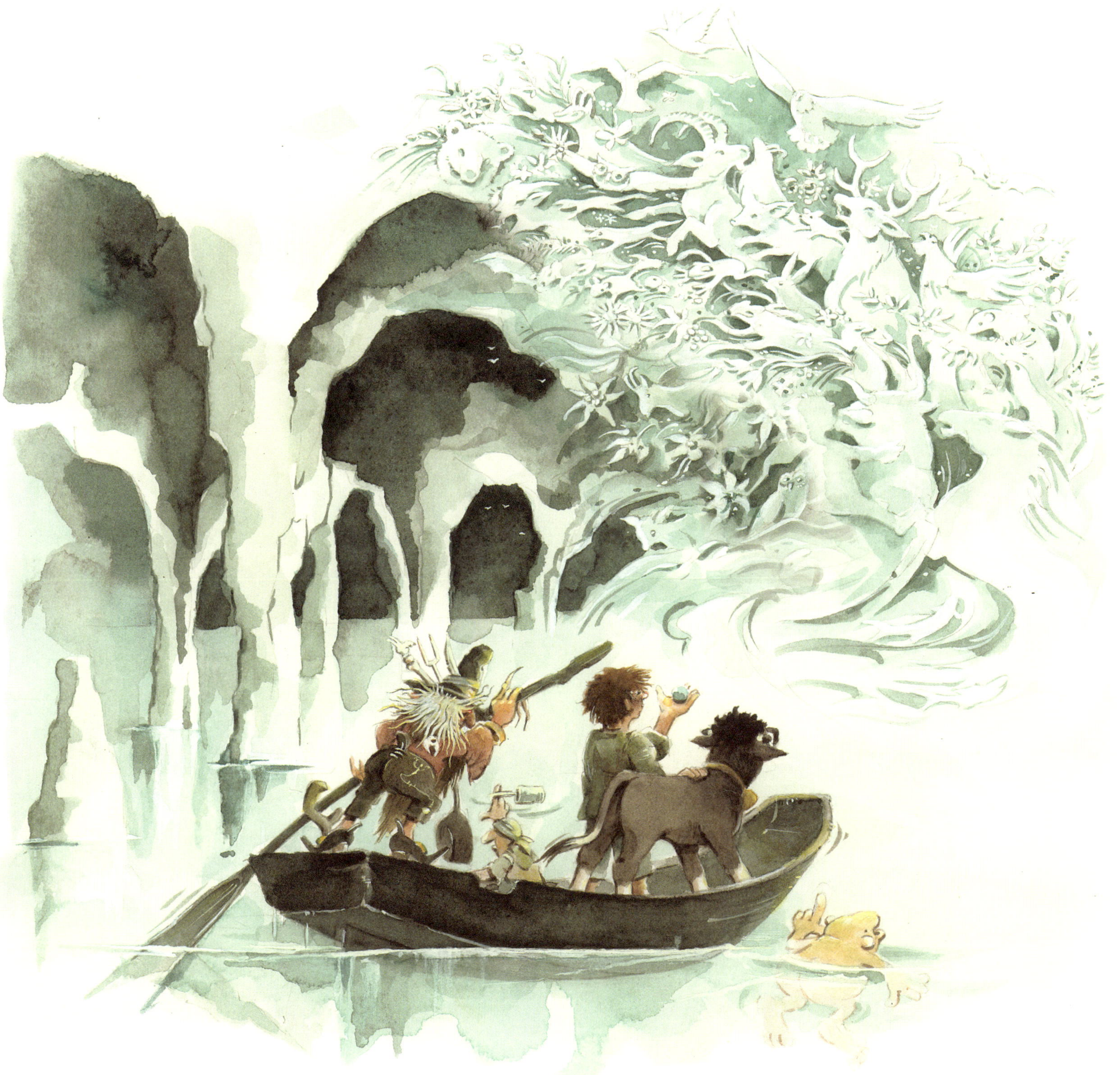

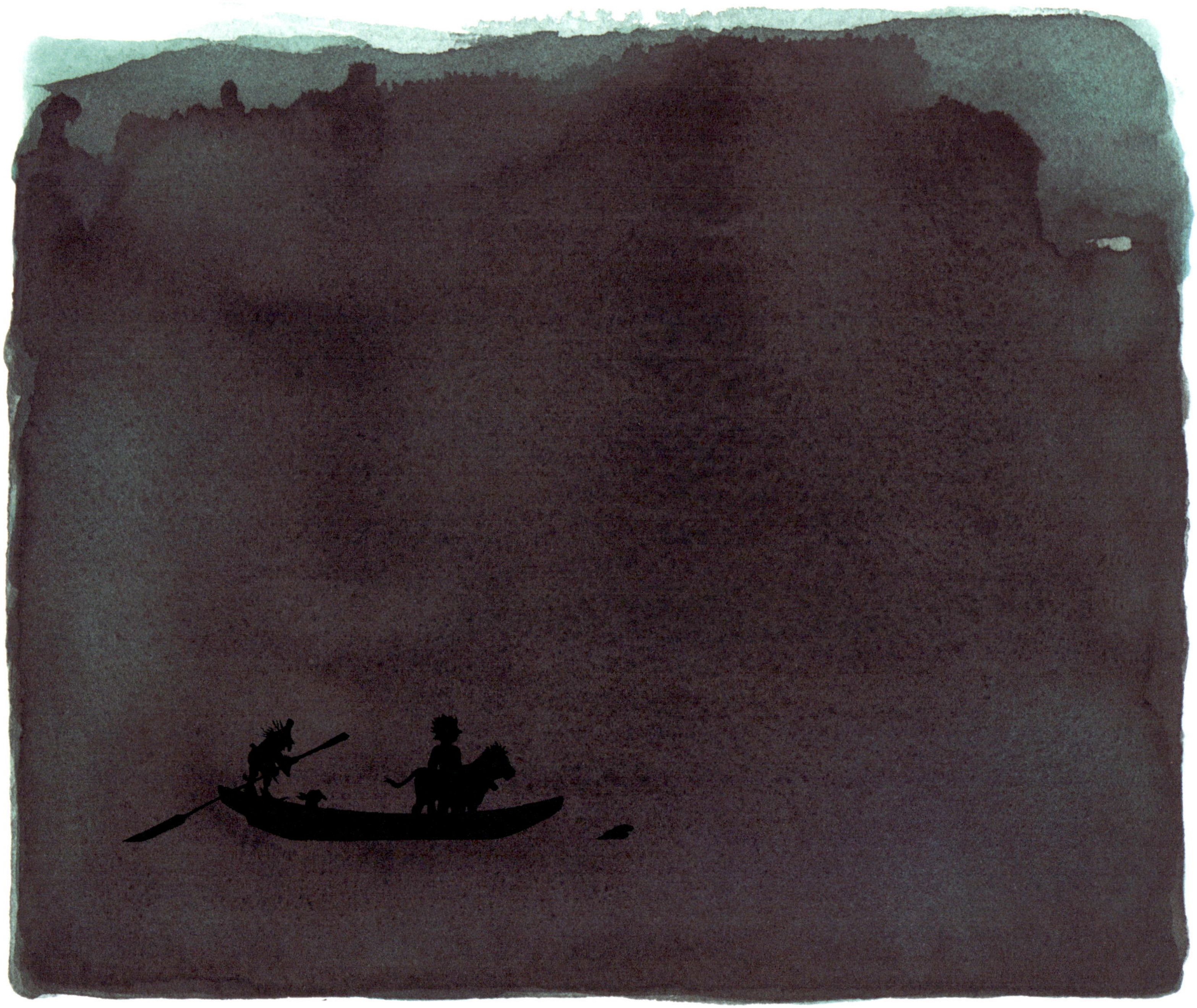

Lange noch, sehr lange gleitet das Schiff durch die Nacht. So lange, bis wir alle die Botschaft vom Kasermandl verstehen ...

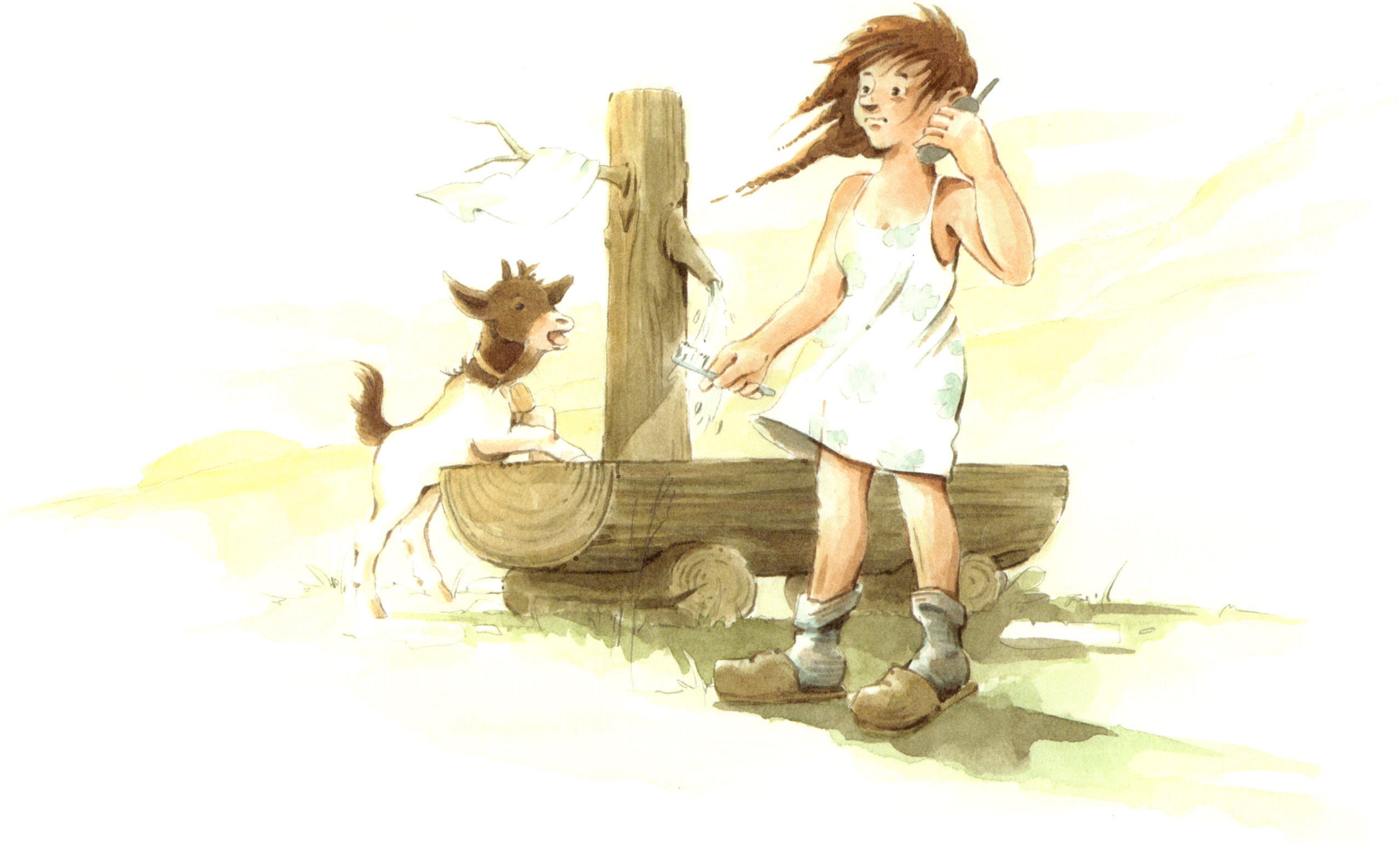

Der neue Tag

„Ja, da ist die Oma sogi", quakt es aus dem Telefon. Es ist fünf Uhr in der Früh, und die Zenzizi richtet sich gerade zur Stallarbeit her. Die Goaß hüpft recht lästig um sie herum und stubst sie immer wieder an. „Gib endlich eine Ruh, stinkerte Goaß", schimpft die Zenzizi, „nein, ich mein nicht dich, Oma!"

„Pass auf sogi", quakt die Oma wieder, „weck den Bertl auf und sag ihm, dass er noch eine Stund schlafen kann sogi, aber nachher soll er gefälligst aufstehn und rechtzeitig losfahrn, und er soll mir zwei Maß Milli von der Gelikuh mitbringen!"

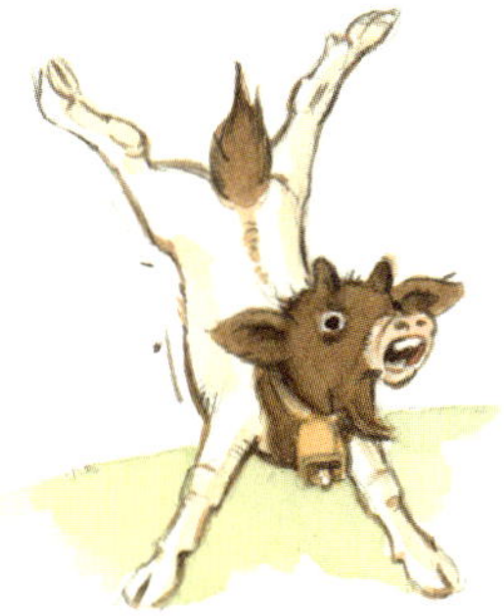

Die Zenzizi ist sprachlos, ihre Gedanken drehen sich im Kreis ... „Der Bertl ist doch gestern am späten Nachmittag mit dem Kas zu euch hinunter gefahren, ja, wo ist denn der, um Himmelswillen? Gleich muss ich nachschaun, ob der Vinzi auch weg ist!" Die Goaß springt immer noch meckernd um die Zenzizi herum ... sie allein weiß doch alles vom Bertl und vom Vinzi, und wo die sind, und nur sie kann die Zenzizi da hinführen, nur sie!!!

„Jössasmariaundjosef sogi", jammert es aus dem Telefon, „gleich weck ich den Opa auf und die Wirtschaft Zur Post und sofort kommen wir zum Suchen sogi!" Und schon hat sie aufgelegt, die Oma. Der Zenzizi stehen die Tränen in den Augen. „Was ist denn bloß mit der Goaß los?"

Langsam versteht sie ...! Gleich hat sie ihr Zeug beieinander: Seil, Stecken, den Rucksack mit Verbandmaterial und Decke, dazu noch eine Butterbrotsemmel und heißen Bohnenkaffee.

„Bestimmt hat es ihn mit dem Moped geschmissn, weil er immer so rennt, und ihm fehlt hoffentlich nix, und wir finden den Bertl und den Vinzi bestimmt gleich ..."

Die Goaß springt voraus und die Zenzizi hintennach.

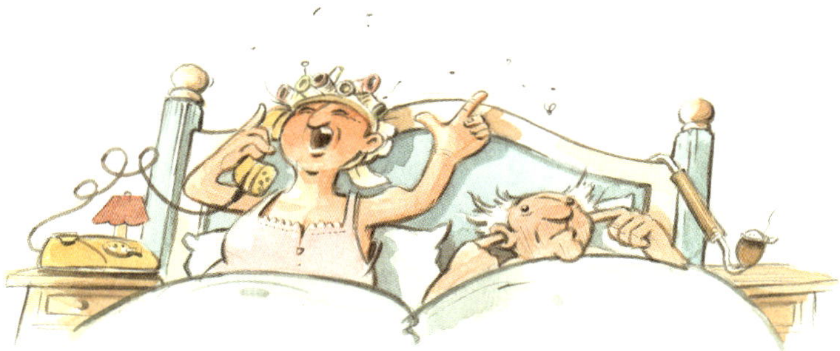

Bald kommen sie zu der Stelle, wo das kaputte Moped und der Rest vom Anhänger zwischen den Kuhfladen liegen, aber kein Bertl und kein Vinzi weit und breit! ... Weiter, weiter, hinunter über den halben Berg, durch den Wald, weiter bis zum Einstieg in die Schlucht! Der Zenzizi wird es ganz anders ...

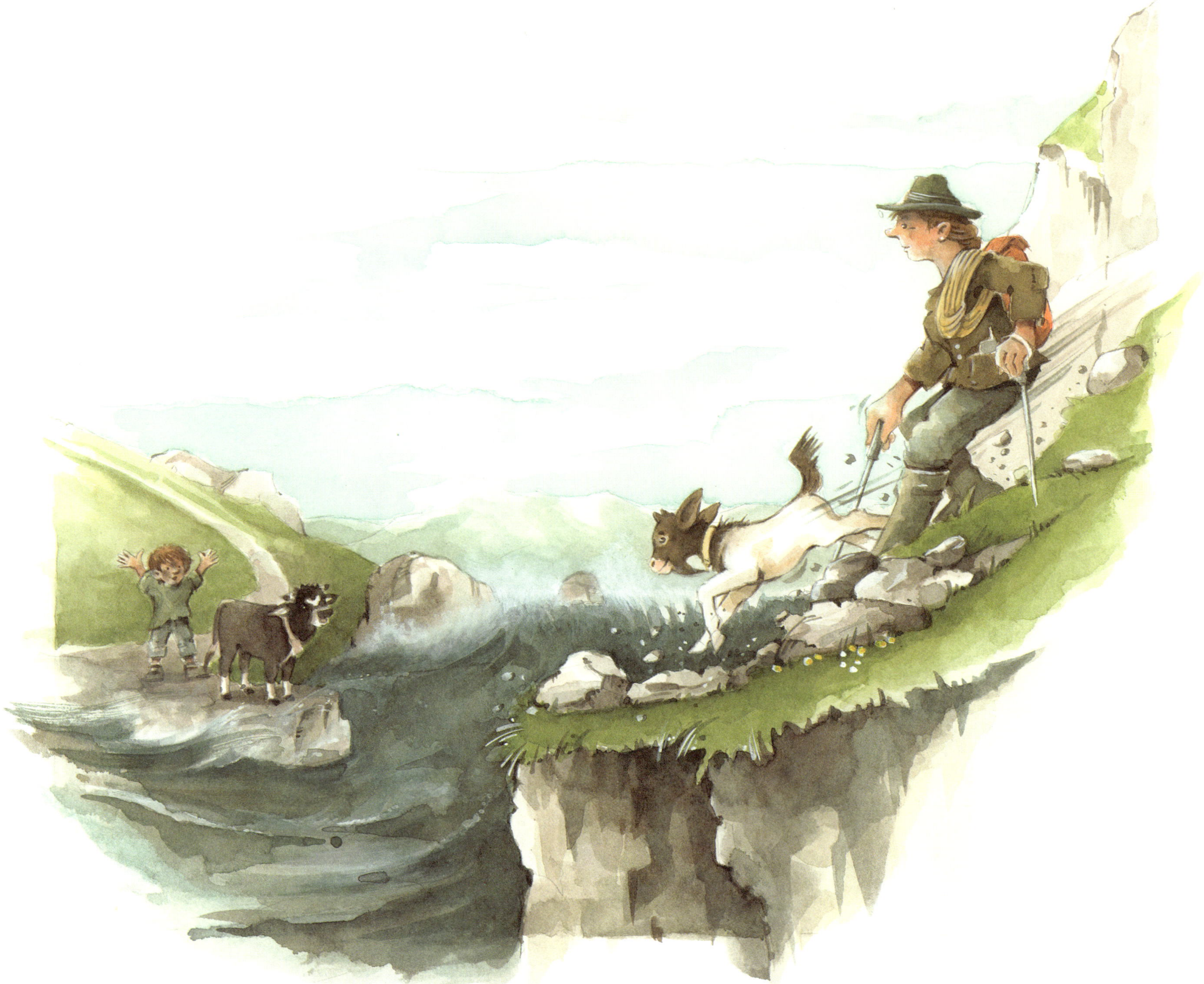

Die Goaß stürmt wie eine Gams voraus. Das ist ihr großer Tag!

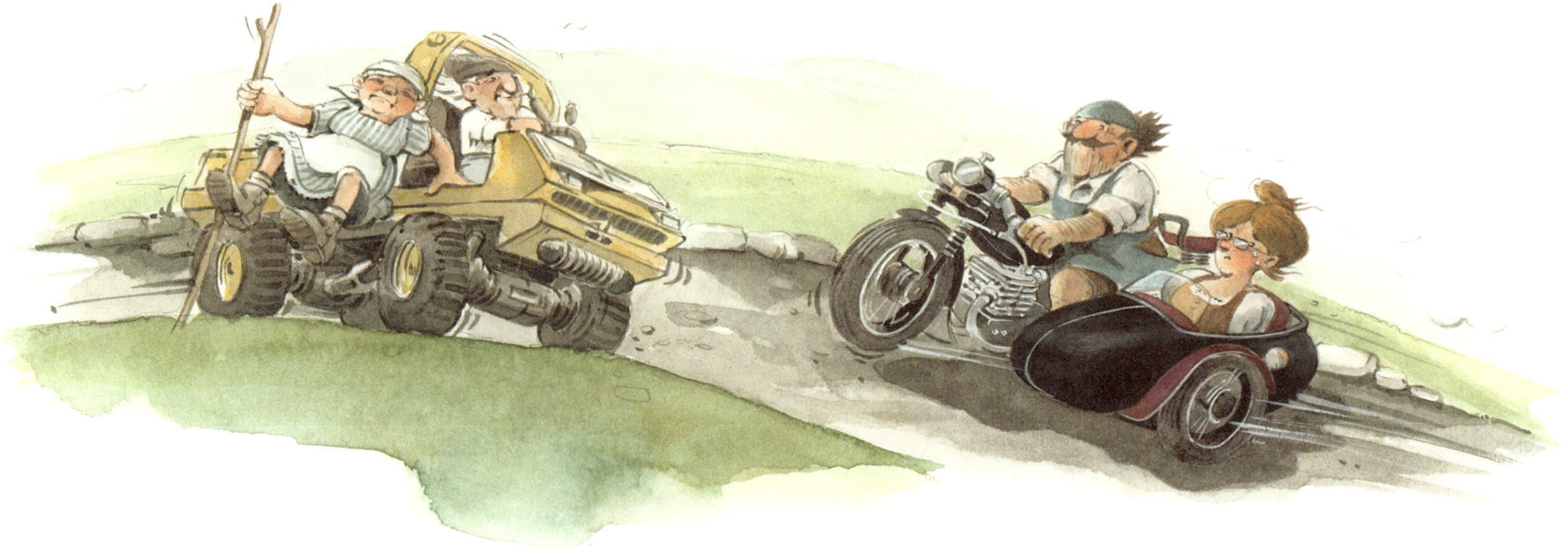

Tief unter ihnen reißt das schlammig braune Hochwasser zerbrochene Baumstämme mit sich und schiebt tonnenschwere Felsbrocken donnernd vor sich her. Auf einmal sieht die Zenzizi die beiden Käseretter! „Halloooo!!! Da stehn sie ja, da drentn!“ Der Bertl winkt mit beiden Armen und der Vinzi steht auch dabei und sie leben und sie sind gesund!!

Die Zenzizi ist so erleichtert, gar nicht zum sagen. Die Schlucht hat keinen anderen Ausgang, das weiß sie, hinter dem Hexenbichl gibt es nur gähnende Abgründe. „Da muss der Hubschrauber her!!“, schreit sie hinüber, aber das tobende Hochwasser verschlingt jedes Wort. Sie schaut in den Himmel und kreist einen Arm in der Luft. Alles klar!

Goaß und Zenzizi steigen wieder hinauf bis zum Forstweg, von dort aus haben sie Telefonverbindung und können die Bergrettung anrufen.

Die Sogioma und der Pumpereropa rauschen gerade samt den Wirtseltern aufgeregt daher, aber das glückliche Gesicht von der Zenzizi sagt ihnen, dass nichts Schlimmes passiert ist. Auch die Goaß grinst von einem Ohr bis zum anderen.

„Gott sei Dank sogi!“

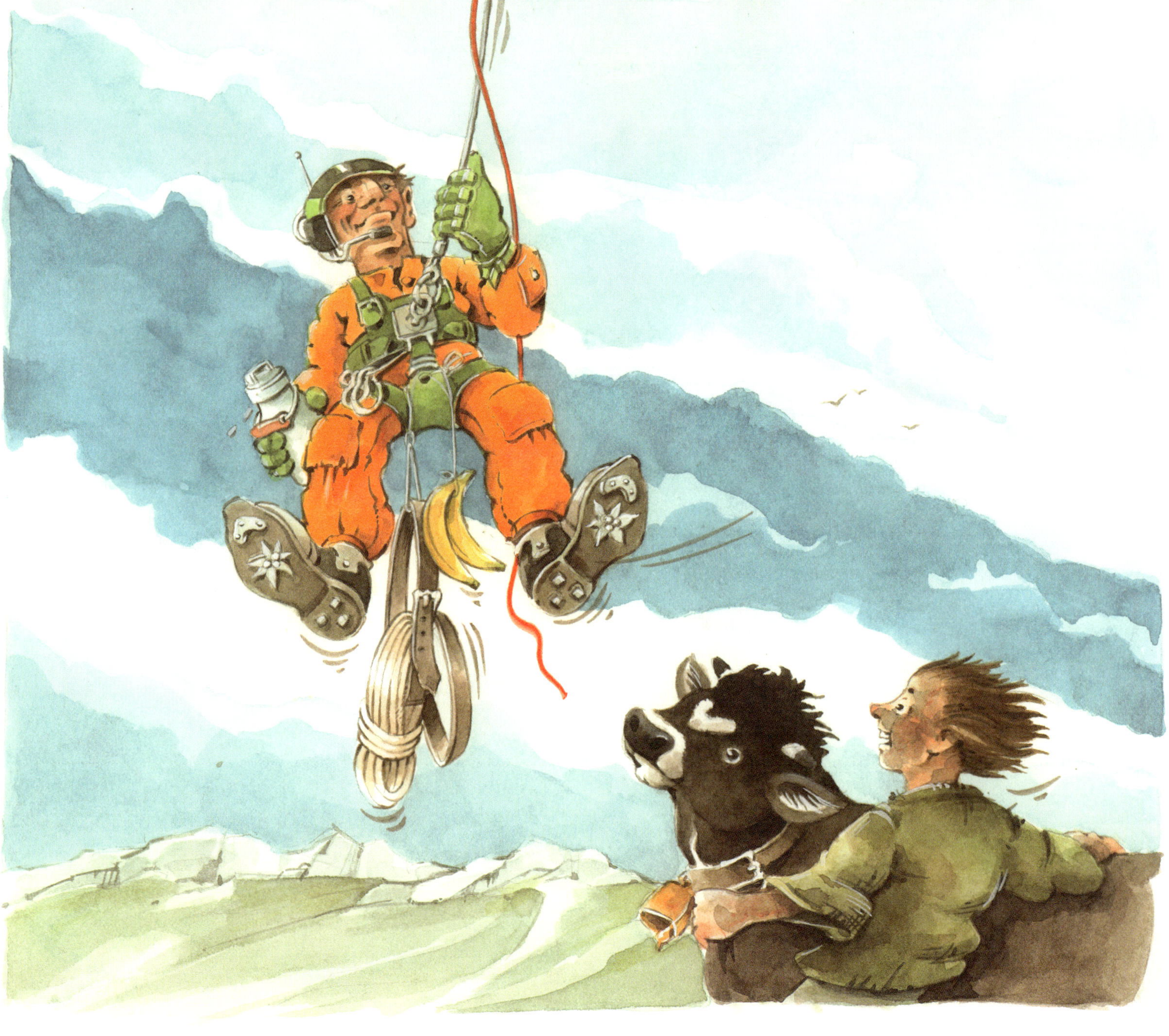

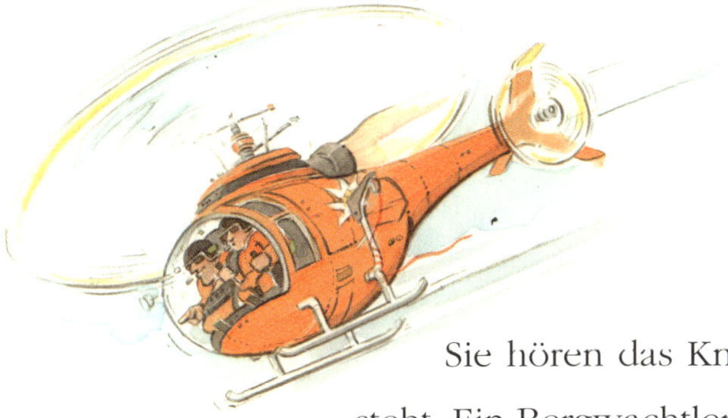

Sie hören das Knattern der Rotorblätter erst, als der Hubschrauber direkt über ihnen am Himmel steht. Ein Bergwachtler kommt an der Seilwinde herab, und jetzt erkennen sie ihn! Es ist der Lippknecht, der da wie ein rettender Engel grinsend herabschwebt, mit dabei, praktisch als Erste Hilfe, ein paar Bananen für den Vinzi und eine Warmhaltekanne mit zwei Knödeln in Schweinsbratensoße für den Bertl. „Jaja."

Lange haben sie aber nicht Zeit zum picknicken, nur die paar Minuten, bis sie der Lipp für den Flug vorbereitet hat. Der Bertl kriegt ein so genanntes Rettungsgeschirr umgeschnallt, so eine Art kurze Hose, ganz fest mit Hosenträgern, und wo sonst der Kopf vom König Ludwig dazwischen ist oder der von einem Steinbock, sitzt ein Karabinerhaken zum Einhackeln am Drahtseil. Für den Vinzi gibt's das gleiche in Rindvieh-Ausführung.

So eine Aufregung! Sie sind doch noch nie geflogen!

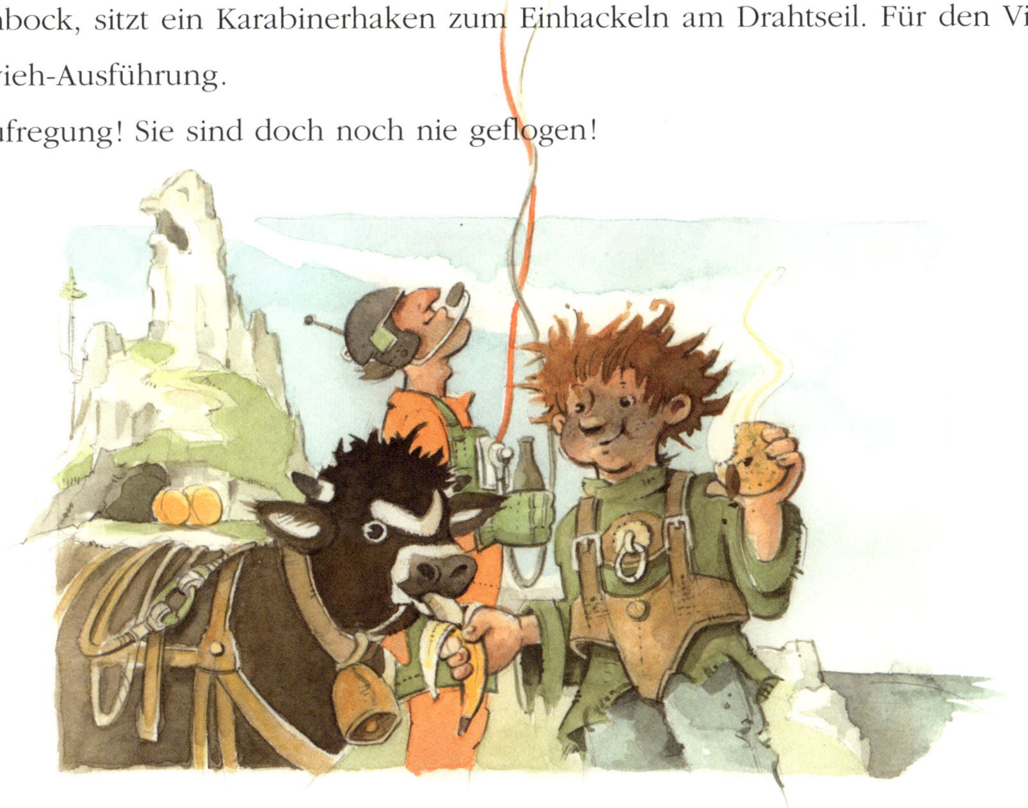

Als erster wird der Bertl mit der Seilwinde bis in den Hubschrauber hinein gezogen. Der Propeller macht dabei einen Wind, dass seine Backen wie Pudding schwabbeln und er fast keine Luft mehr kriegt. Jetzt ist der Vinzi dran. „Halt, der Kaaaas!!“, der Bertl fuchtelt mit den Armen aus dem Hubschrauber heraus und deutet auf den Höhleneingang, wo die großen gelben Laibe warten. „Jafreile“, brummelt der Lippknecht. Das würde ihnen gerade noch abgehen, dass die da liegen bleiben!

Endlich wird der Vinzi eingeklinkt.

„Auf gehts!“, schreit der Lippknecht. Der Pilot gibt Vollgas, dass dem kleinen Stier die Ohrwaschl flattern, und weg ist der Boden unter seinen Haxen. Ein Gefühl in Kopf und Bauch wie Brathering mit Vanilleeis, immer höher, immer schneller, wunderbar! Da unten, schau doch! Ameisen? Mistkäfer? Nein, das sind ja Bergsteiger! Und rundherum tausend Berge, einer hinter dem anderen, weiße Gipfel, Gletscher, grünlich schimmernd wie dem Lippknecht sein Bierflaschl, nur noch schöner! Und da drüben aus dem Tal, das glitzernde Lamettaband, das ist doch der große Fluss. Wie heißt der gleich wieder? Er fängt mit einem I an und hört mit zwei n auf. 'Da schaun sie aber ganz schön dumm, die Vögel', denkt sich der Vinzi und grinst sie im Vorbeischweben recht überheblich an. 'Hey, ich bin's, Vinzi der Überflieger, Vinzi der Adler, der Supervinzi!

Ist das nicht unsere Alm da unten? So eine winzige Hüttn? Wird schon größer ... die Zwerge da unten winken mir ja zu!

Hallohalli, die Zenzizi, der Opa, die Oma, Mama und Papa vom Gasthof Zum Prost und die versammelten Kuhtanten! Stehen da wie angeschraubt und schauen mir beim Fliegen zu!

Bestimmt ganz begeistert.'

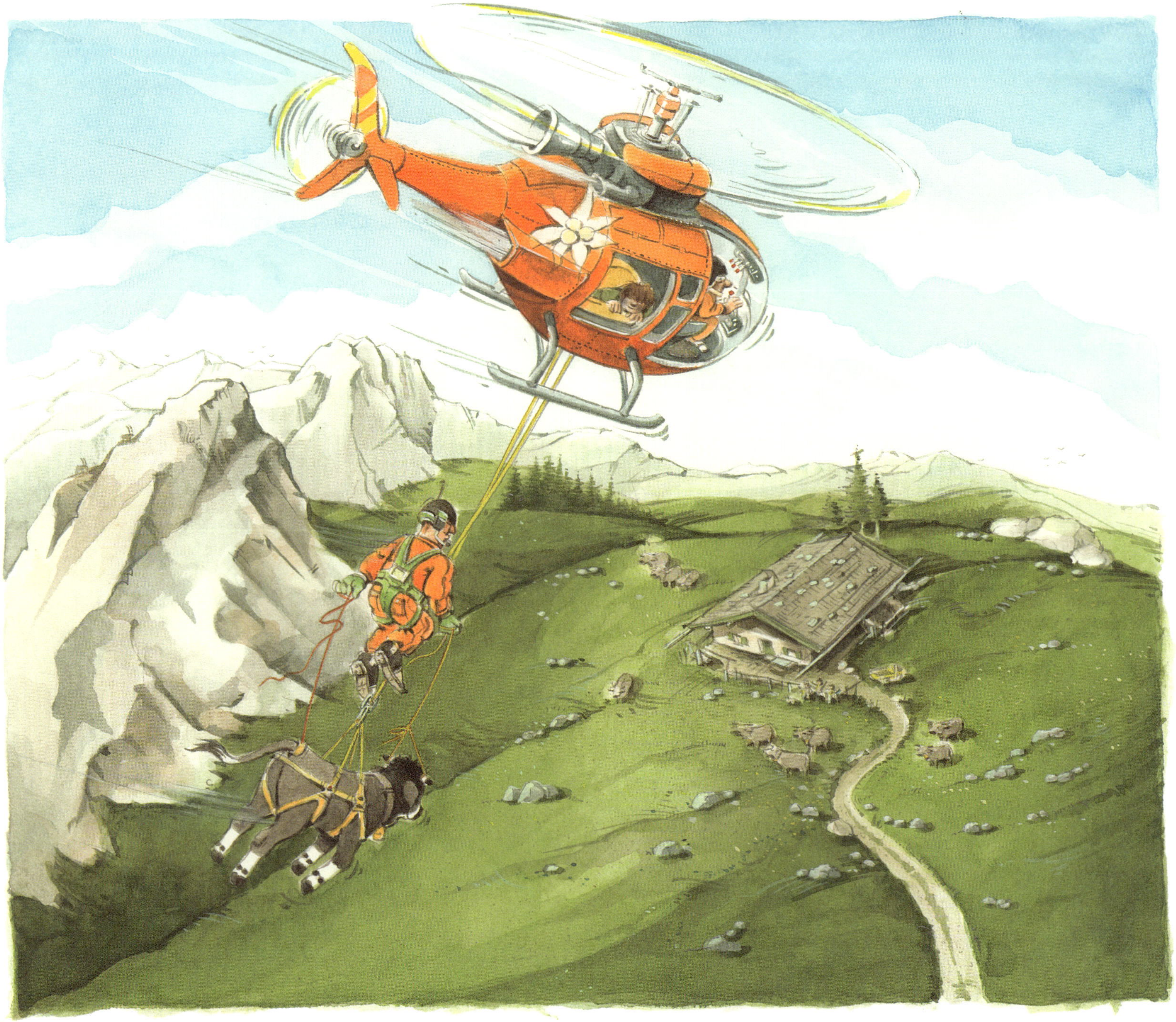

Jetzt ist die Almwelt wieder in Ordnung.

Noch lange sitzen sie beieinander und feiern die abenteuerliche Rettung. Der große Star ist selbstverständlich die Goaß, denn sie hat ja schließlich gut aufgepasst und hat alles gewusst, und ihr ist es auch zu verdanken, dass der Vinzi und der Bertl gleich gefunden wurden und so schnell aus ihrer Berg- und Tal- und Wassernot errettet werden konnten! 'Jetzt rümpft bestimmt keiner mehr die Nase über mich', freut sich die kleine Ziege, 'und der Bertl sagt bestimmt nicht mehr bei jeder Gelegenheit:

Ja, die Goaß lasst an Schoaß!'

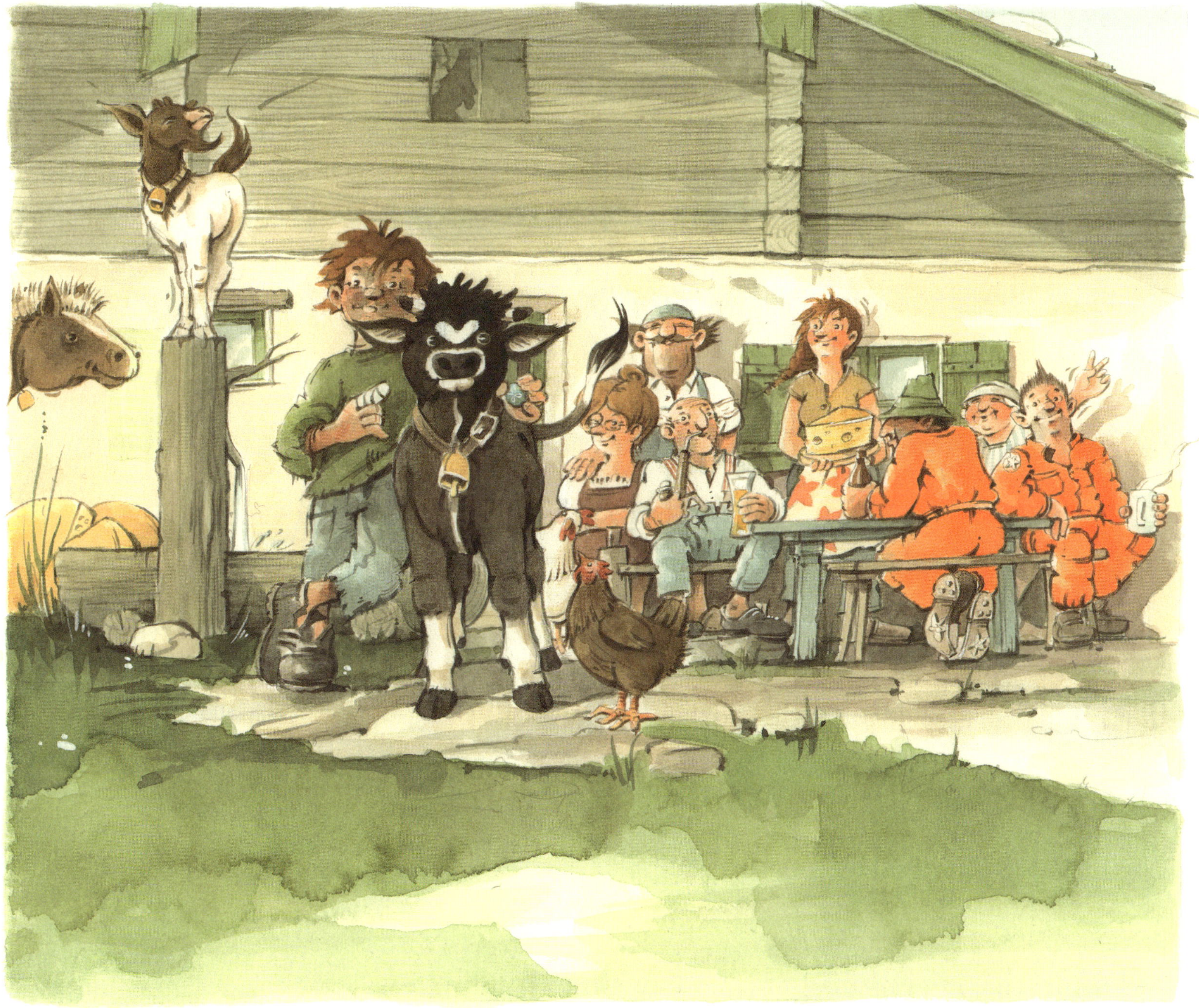

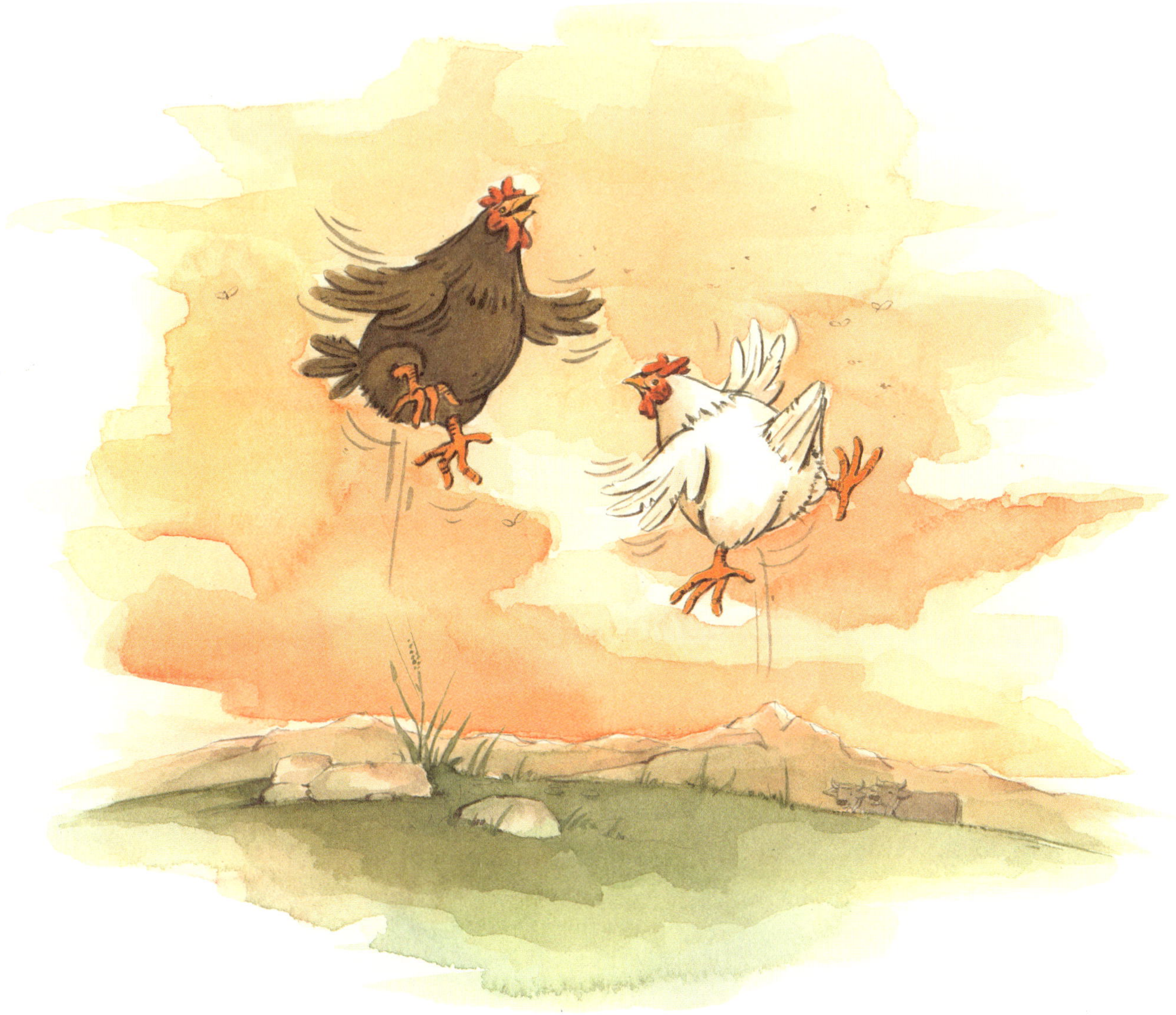

Heen und Heen bewundern den Vinzi wahnsinnig.

'Über zweitausenddreihundert Meter über dem Meeresspiegel ist er geflogen!!'

Sie üben ab jetzt täglich.